AI 프로그래밍
기초와 실습

장은진 저

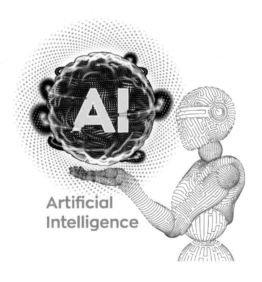

AI

Artificial
Intelligence

일진사

2018년 교육부의 초중고 코딩 교육이 의무화 시행됨에 따라 코딩(프로그래밍) 교육의 필요성이 꾸준히 증가하고 있습니다. 또한, 나날이 발전하는 인공지능(AI) 기술로 우리의 생활 곳곳에서 인공지능과 관련된 서비스가 활용되고 있고, 이로 인해 인공지능 분야에 대한 이해의 필요성이 높아지고 있습니다.

하지만 인공지능 프로그래밍에 대해 관심을 갖게 되더라도 어디서부터 어떻게 학습해야 하는지 막연한 경우가 많습니다. 따라서 이 책에서는 인공지능 프로그래밍에 관심이 있는 누구나 쉽게 학습할 수 있도록 인공지능 프로그래밍에 대한 기본적인 이론과 실습 내용을 담았습니다.

이 책은 센서를 기반으로 아두이노를 제어하는 피지컬 컴퓨팅 실습과 앱(APP)을 만들어보는 앱 인벤터 실습, 그리고 인공지능 기술을 활용한 인공지능 프로그래밍 실습을 위주로 구성하였습니다. 더욱이 이 책의 실습에서 사용되는 프로그래밍 도구는 모두 오픈 소스로 제공되어 있으므로 무료로 사용할 수 있습니다.

이 책이 인공지능 프로그래밍 분야에 관심이 있는 모든 분들에게 흥미로운 시작점이 될 수 있기를 바랍니다.

끝으로, 새로운 분야로의 도전을 항상 격려해주시고 많은 가르침을 주신 신승중 교수님과 현실적인 조언과 격려를 아끼지 않으셨던 한국폴리텍대학 김홍용 교수님께도 감사의 말씀을 드립니다. 아울러 이 책이 완성되기까지 많은 도움을 주신 도서출판 **일진사** 임직원께 감사의 말씀을 드립니다.

항상 든든한 버팀목이 되어주시는 부모님과 가족들에게 감사함을 전합니다.

저자 장은진

차 례

차 례

1

프로그래밍

1-1 프로그래밍의 정의

프로그래밍이란 **컴퓨터 언어를 사용하여 프로그램을 만드는 작업**이라고 정의할 수 있다. 여기서 프로그램은 우리가 사용하는 컴퓨터 프로그램으로 이해할 수 있다. 프로그래밍은 '코딩(coding)' 또는 '개발(development)'과도 같은 의미이며, 코딩은 **코드(code)를 작성하는 작업**이라고 정의할 수 있다. 여기서 코드는 코딩할 때 사용되는 컴퓨터 언어를 의미한다.

또한, 확대된 의미로 프로그래밍은 **소프트웨어로 명령을 내려 하드웨어를 움직이게 하는 작업**으로 정의될 수도 있다. 그림 1-1은 소프트웨어와 하드웨어의 관계를 나타낸다.

그림 1-1 소프트웨어와 하드웨어의 관계

소프트웨어(software)는 부드러운 장치로 해석될 수 있지만, 실제로 부드럽다는 의미가 아닌 hard와 대비되는 의미로 soft가 사용되었다고 할 수 있다. 즉, 소프트웨어는 컴퓨터 내부에서 동작하는 손으로 만질 수 없는 도구로서 하드웨어로 명령을 내릴 수 있는 장치라고 할 수 있다. 하드웨어(hardware)는 직역하면 딱딱한 장치로서 외형을 확인할 수 있는 컴퓨터 주변 장치들을 말한다. 예를 들어 컴퓨터 모니터, 키보드, 스피커, 본체 등을 들 수 있다.

예를 들어 컴퓨터에서 사용되는 각종 문서 작업 프로그램, 바이러스 검사 프로그램, 음원 재생 프로그램 등이 그 예시라고 할 수 있다.

이와 같이 프로그래밍은 컴퓨터 언어를 사용한 소프트웨어 명령을 통해 하드웨어를 움직이는 것이라고 정리할 수 있다.

앞서 프로그래밍은 컴퓨터 언어를 사용하여 프로그램을 만드는 것이라고 학습하였다. 그렇다면 컴퓨터 언어는 무엇일까?

각 나라 사람들은 본인이 속한 나라의 언어를 모국어로 학습하며 살아간다. 하지만, 종종 외국어가 사용될 수 있다. 예를 들어, 외국에 가게 되거나 외국인과 소통해야 하는 상황이 온다면 우리는 그 나라의 언어를 배우게 된다.

컴퓨터 언어 역시 이 외국어와 같다고 생각할 수 있다. 국제적으로 다양한 나라의 언어가 존재하듯이 컴퓨터 세계에서도 다양한 컴퓨터 언어가 존재한다. 모든 컴퓨터 언어를 나열할 수는 없지만, 대표적으로 C, C++, C#, JAVA, Python 등이 있다. 그렇다면 왜 컴퓨터 언어를 사용할까? 그 이유는 우리가 외국어를 학습하는 이유와 동일하다. 중국어를 배우는 이유는 중국인과 소통하기 위해서이다. 즉, 컴퓨터 언어를 배우는 이유는 컴퓨터와 소통하기 위해서라고 할 수 있다. 컴퓨터는 컴퓨터 언어가 아닌 다른 언어로 명령을 입력할 경우 무슨 의미인지 알 수가 없기 때문이다.

각국의 언어들이 고유의 문법이 있듯이 컴퓨터 언어 역시 각자의 문법과 구조를 갖는다. 그리고 각국의 언어의 문법이 틀리면 맞지 않는 표현이 되듯이 컴퓨터 언어도 각 언어별 문법에 맞지 않게 사용할 경우 오류(또는 버그)가 발생 된다. 표 1-1은 외국어와 컴퓨터 언어의 특징을 비교한 것이다.

표 1-1   외국어와 컴퓨터 언어의 특징 비교

구분	예시	특징
외국어	중국어, 스페인어, 프랑스어 등	• 해당 국가 사람과 소통 가능 • 언어별 특정 문법 존재 • 문법이 틀리면 맞지 않는 표현
컴퓨터 언어	C, C#, JAVA, Python 등	• 컴퓨터와 소통 가능 • 언어별 특정 문법 존재 • 문법이 틀리면 오류 발생

1-2   프로그래밍의 필요성

그렇다면 프로그래밍은 왜 필요할까? 그리고 어떻게 사용될 수 있을까?

2018년부터 교육부 방침에 따라 국내 초, 중, 고등학교에서 프로그래밍(코딩) 교육이 의무화되었다. 이 시점을 계기로 프로그래밍 교육에 대한 대중의 관심도가 높아지고 있고, 다양한 매체로 프로그래밍 교육이 이루어지고 있다.

또한, 애플 창업자 스티브 잡스와 페이스북 창업자 마크 저커버그 역시 프로그래밍의 중요성을 공식적으로 강조한 바 있다. 이들이 프로그래밍 교육의 중요성을 강조하는 이유는 프로그래밍을 통해 창의적인 사고와 문제 해결 능력을 갖출 수 있게 되기 때문이다.

특정 프로그램을 만들기 위해서는 사용자가 원하는 기능을 구상하게 되고, 그 기능을 구현하기 위한 다양한 방법들을 생각해야 한다. 바로 이 과정에서 사용자는 문제를 효율적으로 해결하기 위해 다양한 방법을 구상하고 연구하게 되는 것이다. 이 과정에서 다양한 알고리즘(문제 해결 방법 및 연산 절차)을 활용하게 되고, 프로그램을 개발하게 된다. 또한, 프로그램은 개발된 후 부가적인 기능을 추가하기 위해 다시 프로그램 개발 과정을 거친다.

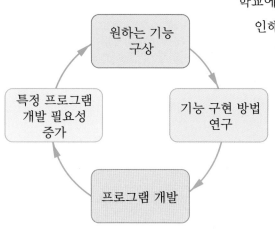

그림 1-2 프로그램 개발 과정

학교에서 배우는 교과목에는 정답이 존재한다. 그로 인해 그 답이 맞지 않으면 틀린 것이 된다. 하지만, 프로그램을 만드는 과정에서는 시작점(특정 프로그램에 대한 필요성)과 끝점(특정 프로그램 개발)이 있지만, 정답이 정해져 있지 않기 때문에 자유로운 사고가 가능하게 된다. 수동적이 아닌 능동적으로 문제를 해결할 수 있는 능력을 갖추게 되는 과정이 프로그래밍 과정이고, 이것이 프로그래밍의 필요성이라고 할 수 있다. 그림 1-2 는 프로그램 개발 과정을 나타낸다.

1-3 프로그래밍의 방법

이전 단원에서 프로그래밍의 필요성에 대해 살펴보았다. 이 단원에서는 어떻게 프로그래밍을 할 수 있는지 그 방법에 대해서 설명하도록 한다.

프로그램을 만들 수 있는 프로그래밍의 범위는 매우 넓고, 분야 역시 매우 다양하다고 할 수 있다. 그 모든 분야를 포괄하기에는 제한이 있기 때문에 본 교재에서는 웹(Web) 개발, 앱(APP) 개발, 임베디드(Embedded) 개발을 위주로 설명한다.

요즘은 대부분의 경우에 웹 사이트와 앱을 함께 개발하는 경우가 많다. 예를 들어 OTT(Over The Top) 서비스 플랫폼이 그 예시라고 할 수 있다. 대표적인 OTT 서비스로는 웨이브, 넷플릭스, 티빙, 디즈니 등이 있다. 이러한 OTT 플랫폼들은 웹 사이트 뿐만 아니라 모바일 앱에서도 동일한 서비스를 제공한다. 이를 반응형 웹/앱이라고 부른다. 반응형 웹/앱을 활용할 경우 사용자의 디바이스(PC 또는 핸드폰) 화면에 맞는 영상 출력이 가능하다.

표 1-2는 프로그래밍의 범위 및 사례를 나타내고, 편의상 반응형 웹/앱 내용은 별도로 구분하여 기재하지 않는다.

표 1-2 프로그래밍의 범위 및 사례

구분	설명	개발 예시
웹 개발	웹(Web) 페이지를 개발하는 작업	• 다양한 홈페이지 개발 • 네이버, 구글, 넷플릭스 등
앱 개발	애플리케이션(APP)을 개발하는 작업	• 다양한 APP 개발 • 인스타그램, 사진첩, 가계부 앱 등
임베디드 개발	• 하드웨어(장치) 및 각종 센서들을 활용하여 개발하는 작업 • 장치와 센서를 통해 데이터의 수집 및 처리 가능	• 컴퓨터와 연결된 다양한 장치 개발 • 자동차 제어장치, 의료용 기기, 항공 장치 등

위와 같이 프로그래밍을 하기 위해서는 방법이 존재하는데, 프로그래밍 방법은 크게 두 가지로 나눌 수 있다. 바로 텍스트 코딩(Text Coding)과 블록 코딩(Block Coding)이다.

　　텍스트 코딩은 프로그램 코드를 컴퓨터 언어를 사용하여 텍스트로 작성하는 것을 의미하고, 블록 코딩은 특정 기능을 담고 있는 블록을 결합(drag&drop)하여 프로그래밍을 하는 것을 의미한다. **그림 1-3**은 텍스트 코딩 화면과 블록 코딩 화면을 나타낸다.

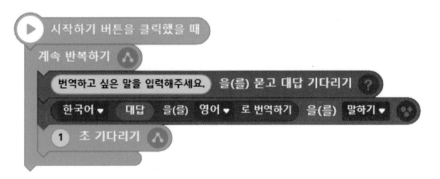

```
sketch_oct11a
1  #include <SoftwareSerial.h>
2  SoftwareSerial BTSerial(3,2);
3
4  void setup()
5  {
6    Serial.begin(9600);
7    BTSerial.begin(9600);
8    pinMode(9, OUTPUT);
9    pinMode(10, OUTPUT);
10   pinMode(11, OUTPUT);
11 }
12
13 void loop()
14 {
15   if(BTSerial.available())
16   {
17     int data=(int)BTSerial.read();
18     if(data==1)
19     {
20       digitalWrite(9, HIGH);
21       digitalWrite(10, LOW);
22       digitalWrite(11, LOW);
23     }
```

그림 1-3　텍스트 코딩 화면(좌)과 블록 코딩 화면(우)

　　텍스트 코딩은 텍스트(컴퓨터 언어)를 활용하여 프로그램을 작성하는 것을 말한다. 우리가 사용하는 대부분의 프로그램들이 텍스트 코딩으로 개발되었다고 할 수 있다. 텍스트 코딩은 비교적 복잡한 구조를 갖기 때문에 초기 학습 시간이 어느 정도 확보되지 않으면 어렵게 느껴질 수 있다는 단점이 있지만, 다양한 기능을 구현할 수 있다는 장점이 있다.

블록 코딩은 장난감 블록을 조립하듯이 다양한 기능을 갖는 블록을 drag&drop 방식으로 결합하여 코드를 작성하는 방법이다. 블록 코딩은 코드 작성 방식이 쉽기 때문에 입문자들이 학습하기에 적합하다는 장점을 갖고 있지만, 복잡한 기능을 구현하기에는 기능적인 제한이 존재한다는 단점을 갖는다. 표 1-3은 프로그래밍 방법 및 특징을 나타낸다.

표 1-3   프로그래밍 방법 및 특징

구분	설명	장점	단점
텍스트 코딩	텍스트(컴퓨터 언어)를 활용하여 프로그램 작성	• 다양한 기능 구현 가능 • 다양한 저장 장치에 코드 백업 가능	입문자 대상 학습 시 어려움 존재
블록 코딩	다양한 기능을 갖는 블록을 결합하여 프로그램 작성	쉬운 코드 작성 방식으로 입문자 학습 용이	• 일부 기능 구현 어려움 • 해당 사이트에서만 코드 저장 가능

1-4   프로그래밍 툴(tool)

프로그래밍을 하기 위해서는 프로그램을 만드는 작업을 할 공간이 필요하다. 이를 개발 툴(tool) 또는 개발 도구라고 한다. 개발 도구는 개발 목적에 따라 다양하게 선택하여 사용할 수 있다.

이 단원에서는 블록 코딩과 텍스트 코딩이 가능한 개발 툴(도구)에 대해서 설명하도록 한다.

예를 들어 컴퓨터를 활용하여 문서 작업을 한다고 가정해 보자. 이 경우 사용자는 필요에 맞는 문서 프로그램(한글 또는 워드)을 활용하여 문서 작업을 하고, 편집을 한다. 이때 작업을 통해 만들어지는 문서가 프로그램이라고 할 수 있고, 워드(word)는 개발 도구이며, 워드에 사용되는 언어는 개발 언어라고 할 수 있다.

그림 1-4는 문서 작성 프로그램과 개발 도구의 예시를 나타낸다.

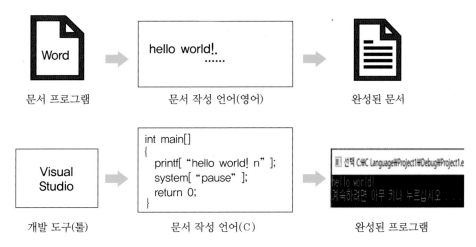

그림 1-4   문서 작성 프로그램과 개발 도구의 예시

그럼 블록 코딩과 텍스트 코딩이 가능한 개발 도구는 무엇이 있을까? 다양한 개발 도구들이 있지만, 대표적인 프로그램을 소개하자면 다음과 같다.

먼저 텍스트 코딩을 위한 프로그래밍 도구에는 Eclips, Visual Studio, Pycharm, Android Studio, Sketch 등이 있고, 블록 코딩을 위한 프로그래밍 도구에는 엔트리, 스크레치, 앱 인벤터 등이 있다.

그림 1-5는 텍스트 코딩 도구와 블록 코딩 도구를 나타낸다.

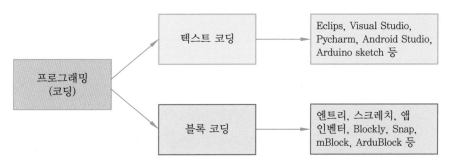

그림 1-5   텍스트 코딩 도구와 블록 코딩 도구

다양한 프로그래밍 도구들 중 이 책에서 사용되는 프로그래밍 도구는 텍스트 코딩의 Arduino sketch와 블록 코딩의 앱 인벤터이다.

Arduino sketch 프로그램은 아두이노(Arduino)라는 컨트롤 보드를 사용하기 위한 통합개발환경(IDE : Integrated Development Environment)이다. 통합개발환경(IDE)이란 프로그램을 개발하기 위한 다양한 기능이 제공되는 소프트웨어이다. 통합개발환경에서는 코드를 작성할 수 있고, 코드의 오류를 확인할 수 있는 기능과 배포할 수 있는 기능들이 포함되어 있다.

Arduino sketch는 아두이노라는 하드웨어를 작동시키기 위해 다양한 명령들을 입력할 수 있는 프로그램이다. Arduino sketch는 C언어와 C++ 언어를 기반으로 구현되어 해당 언어의 문법적 특징과 구조를 갖는다.

그림 1-6은 Arduino Sketch 프로그램의 시작 화면을 나타낸다.

그림 1-6 Arduino Sketch 프로그램의 시작 화면

앱 인벤터(App Inventor)는 구글과 MIT 공과대학에서 개발한 오픈 소스(Open Source) 블록 코딩 앱 개발 프로그램이다. 오픈 소스는 무료로 공개되어 누구나 사용, 개발 및 배포가 가능한 프로그램을 말한다.

그림 1-7은 앱 인벤터 프로그램 블록 코딩 화면을 나타낸다.

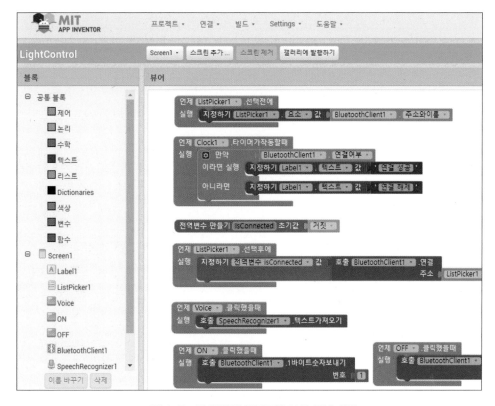

그림 1-7   앱 인벤터 프로그램 블록 코딩 화면

2

아두이노

아두이노(Arduino)란 마이크로 컨트롤러가 탑재된 보드로서 다양한 센서들을 연결하고 프로그래밍함으로써 사용자의 목적에 맞는 시스템을 구현할 수 있는 장치이다.

아두이노의 개발 환경과 다양한 소스 코드들은 모두 오픈되어 있기 때문에 무료로 사용 가능하다. 이로 인해 아두이노를 활용한 다양한 프로그래밍이 가능하다. 또한 아두이노는 그 종류가 다양하여 사용자의 필요에 맞게 보드를 선택하여 사용할 수 있다.

또한, 이렇게 소프트웨어(프로그래밍)을 통해 하드웨어(아두이노)를 조작할 수 있는 기술을 피지컬 컴퓨팅(physical computing)이라고 한다.

2-1   아두이노의 종류 및 주변 기기

아두이노의 종류에는 여러 가지가 있다. 대표적으로 우노, 나노, 레오나르도, 101, 마이크로, 나노 에브리 등이 있다. 이 중 가장 보편적으로 많이 사용되는 보드는 '우노'이다. 또한 이 책에서 실습으로 활용될 보드 역시 우노이다.

간혹 아두이노와 우노를 동일한 의미로 이해하는 경우가 있으나, 아두이노 제품군에 우노는 하나의 모델명이라고 할 수 있다. 예를 들어 설명하자면 아두이노가 '우유'라면 우노는 '서울우유'라고 할 수 있다.

표 2-1은 아두이노의 종류를 나타낸다.

표 2-1 아두이노의 종류

종류	사진	특징
우노 (UNO)		• 가장 대표적으로 많이 사용되는 아두이노 보드이다. • ATmega328 마이크로 컨트롤러로 사용한다. • 교육용 및 초보자가 사용하기 가장 적합하다.
나노 (NANO)		• 우노와 같은 ATmega328 또는 ATmega168 마이크로 컨트롤러로 사용한다. • 우노와 비슷한 기능을 갖지만 크기가 작다. • 프로젝트용으로 사용하기 적합하다.
레오나르도 (LEONARDO)		• ATmega32U4 마이크로 컨트롤러를 사용하여 별도의 칩이 없이 시리얼 통신이 가능하다. • USB 통신 기능이 내장되어 있다. • 디지털 입출력 핀과 아날로그 입력 핀이 우노(UNO)보다 많다.
101		• Intel Curie 마이크로 컨트롤러 사용으로 저전력으로 작동한다. • 메모리 용량 및 CPU 속도가 우노(UNO)보다 빠르다.
마이크로 (Micro)		• ATmega32U4 마이크로 컨트롤러를 사용한다. • 레오나르도와 동일한 성능을 갖지만 크기가 작다.
나노 에브리 (NANO Every)		• ATmega4809 마이크로 컨트롤러를 사용하여 나노보다 성능이 좋다. • 나노와 같이 크기가 작다. • 직접 납땜을 해서 사용해야 한다.

(사진 출처 : https://m.blog.naver.com/bpcode/221833337444)

아두이노는 하나의 컨트롤 보드이므로 이 자체만으로 어떠한 기능을 낼 수는 없다. 예를 들어 아두이노에 연결된 LED를 특정한 시간 간격으로 깜빡이게 하고 싶다면 보드뿐만 아니라 이를 연결시켜 줄 수 있는 주변 기기가 필요하다.

이 기능을 구현하기 위해 필요한 주변 장치는 USB 케이블, 점퍼 케이블, 브레드보드(빵판), 저항, LED가 있다.

표 2-2 아두이노 주변 기기

명칭		사진	특징
USB 케이블		(출처 : https://www.devicemart.co.kr/goods/view?no=1330154)	• 아두이노 보드와 컴퓨터를 연결시키고 전원을 공급해준다. • 케이블 길이와 색상은 다양하다. • 사용하는 보드에 따라 보드 연결 포트가 다르다.
점퍼 케이블	MM	(출처 : https://www.devicemart.co.kr/goods/view?no=1328409)	• 센서와 아두이노 보드를 연결한다. • 양쪽 모두 꽂을 수 있는 핀으로 구성(MM, 수수)한다.
	MF	(출처 : https://www.devicemart.co.kr/goods/view?no=1328408)	• 센서와 아두이노 보드를 연결한다. • 한쪽은 핀이 있고, 다른 한쪽은 핀이 없다. (MF, 암수)
브레드보드		버스띠 단자띠 중앙선	• 빵판이라고도 하며, 아두이노와 바로 센서를 연결할 수 없는 경우 또는 여러 센서의 전원 공급을 할 경우에 사용한다. • 버스띠, 단자띠, 중앙선으로 구성된다.
저항		(출처 : https://www.devicemart.co.kr/goods/view?no=38590)	• 전류의 흐름을 조절해 준다. • 센서에 맞는 크기의 저항을 사용한다.
LED		(출처 : https://m.eduino.kr/product/detail.html?product_no=20)	• 전류가 흐를 경우 불을 켜 준다.

표 2-2는 아두이노 연결을 위한 주변 기기를 나타낸다. 표 2-2에 나타낸 주변 기기는 일부분을 나타낸 것이고, 사용자의 필요에 따라 추가적인 센서가 필요하다.

2-2   아두이노의 구조 및 성능

아두이노의 크기는 손바닥 정도 사이즈이고, 마이크로 컨트롤러, 디지털 입출력 핀, 아날로그 입력 핀, USB 포트, 리셋 버튼, 외부 전원 소켓, 시리얼 통신 포트, 전원 LED 등으로 구성된다. 이 책에서는 아두이노 보드 중 실습에 사용되는 우노(UNO)를 기준으로 설명한다.

똑같은 아두이노 우노 보드라고 해도 제조사에 따라 보드의 모양이 상이할 수 있다. 그림 2-1은 아두이노 우노의 구조를 나타낸다.

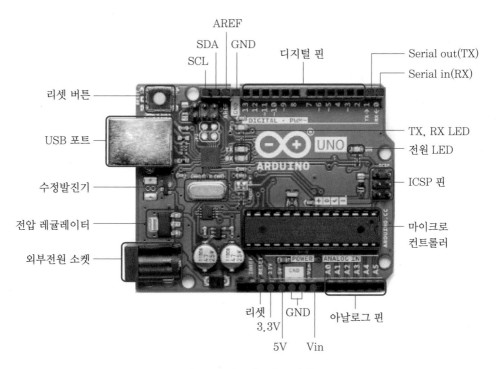

그림 2-1   아두이노 우노의 구조

(사진 출처 : https://kiwipedia-sundries.tistory.com/18)

아두이노 우노 보드의 구조에 대한 설명은 **표 2-3**에 나타낸다.

표 2-3 아두이노 우노 구조에 대한 설명

명칭	특징
마이크로 컨트롤러	• 아두이노의 핵심 장치인 마이크로 컨트롤러로서 사람의 '두뇌'의 기능을 수행한다.
디지털 입출력 핀	• 디지털 값을 입력 또는 출력할 수 있는 핀으로 총 12개가 있다. (2~13) • 이 중 ~ 무늬가 있는 것은 아날로그 입출력이 가능한 PWM 핀으로 총 6개의 핀이 존재한다.
아날로그 입력 핀	• 아날로그 값 입력이 가능한 핀으로 총 6개의 핀이 있다. (A0~A6)
USB 포트	• USB 케이블을 연결하는 포트로서 컴퓨터와 아두이노를 연결시켜 준다. • 이를 통해 PC에서 프로그래밍을 하고 아두이노로 업로드 가능하다.
리셋 버튼	• 보드를 리셋하고 싶은 경우 사용할 수 있는 버튼이다.
외부 전원 소켓	• 외부 전원 장치를 사용하고 싶은 경우 사용하는 소켓으로 프로젝트 등 작품 전시 시에 주로 사용한다.
시리얼 통신 포트	• 시리얼 통신을 위한 포트로 디지털 입출력 핀 아래쪽 0과 1을 의미한다. • 이곳은 시리얼 통신이 되는 곳으로 항상 전류가 흐르는 특징이 있다. 따라서 디지털 입출력 핀으로 사용하지 않는다.
전원 LED	• 아두이노에 전원이 공급된 경우 불이 켜지는 내장형 LED이다. • 아두이노 상에 문제가 있거나 센서를 잘못 연결한 경우 불이 꺼진다.
GND	• Ground 핀으로 －극에 연결되며, 총 3개의 핀이 있다.
5V	• 5V 전압을 공급해 주는 핀으로 +극에 연결하며, 총 1개의 핀이 있다.
AREF	• Analog Reference를 의미하며, 아날로그 입력 핀의 상한선으로 외부 참조 전압(0~5V)을 설정하는 데 사용한다.

아두이노 우노의 성능은 **표 2-4**에 나타낸다.

표 2-4   아두이노 우노의 성능

구분	설명	
마이크로 컨트롤러	ATmega328P	
작동 전압	아두이노가 작동할 때 사용하는 전압	5V
입력 전압	아두이노 보드에 입력할 수 있는 전압	7~12V
SPARM(KB)	휘발성 메모리 중 하나	2KB
EEPROM(KB)	비휘발성 메모리 중 하나	1KB
디지털 입출력 핀	12개(이 중 PWM 핀 6개)	
아날로그 입력 핀	6개	
USB type	B	
길이	68.6mm	
폭	53.4mm	
무게	25g	
가격	정품 보드	10,000원 이내
	호환 보드	50,000원 이내

3 아두이노 통합개발환경(IDE) 구축

3-1 통합개발환경(IDE)

통합개발환경(IDE)이란 Integrated Development Environment의 약자로서 프로그램 개발에 필요한 프로그래밍, 컴파일, 디버깅, 배포 등의 기능을 포함한 개발 환경을 말한다.

디버깅(Debugging)이란 컴퓨터 프로그램을 개발하는 과정에서 발생하는 오류를 찾아내고 확인하는 작업을 말한다.

프로그래밍을 위해서는 우선 코드를 입력할 공간, 코드의 오류를 확인해주는 기능, 코드를 기계어로 번역해 주는 기능 등이 필요하므로 이러한 필수 기능들이 포함된 환경을 통합개발환경이라고 할 수 있다.

대부분의 경우 프로그램을 개발할 때, 개발자의 목적에 맞는 통합개발환경을 선택해서 사용한다. 예를 들어 프로그래밍 언어 Python을 활용하여 프로그래밍을 할 경우 Python 언어를 프로그래밍할 수 있는 통합개발환경을 선택해서 사용하게 된다. Python의 통합개발환경의 경우 대표적으로 Pycharm, Visual Studio Code, Jupyter, Spyder 등이 있다.

3-2 아두이노 sketch 프로그램

아두이노를 활용해서 프로그래밍을 하기 위해서도 역시 통합개발환경이 필요하다. 아두이노의 통합개발환경은 **아두이노 sketch**다.

아두이노 sketch 프로그램은 오픈 소스 프로그램으로 무료로 설치 및 사용할 수 있으며, 관련된 자료들과 라이브러리들도 모두 무료로 공개되어 있다. 이로 인해 입문자 대상 또는 교육용으로 자주 사용된다.

3-3　아두이노 sketch 설치 및 실행 방법

아두이노 sketch 프로그램은 아래의 사이트에서 설치 파일을 다운받을 수 있다.

https://www.arduino.cc/en/software

그림 3-1은 아두이노 sketch 설치 홈페이지 화면을 나타낸다.

그림 3-1　아두이노 sketch 설치 홈페이지 화면

설치 화면에서 자신의 운영체제에 맞는 파일을 다운받아 설치한다. 이 책의 경우 window 10 운영체제를 기준으로 설명한다.

　　자신의 운영체제를 선택하면 **그림 3-2**와 같이 후원 화면이 나오는데, JUST
DOWNLOAD를 선택한다.

그림 3-2　아두이노 sketch 후원 화면

　　설치 파일을 선택하고, 별도의 선택 없이 Next 버튼을 클릭한다. **그림 3-3**은 아
두이노 sketch 프로그램 설치 과정을 나타낸다.

그림 3-3　아두이노 sketch 프로그램 설치 과정

설치가 완료되면 바탕화면에 **그림 3-4**와 같이 Arduino sketch 프로그램이 확인되고, 프로그램을 실행시킬 경우 초기 화면이 나타난다.

그림 3-4   설치된 Arduino sketch 프로그램

USB 케이블을 활용해서 아두이노와 컴퓨터를 연결한 뒤, **그림 3-5**와 같이 보드와 포트 설정을 해준다.

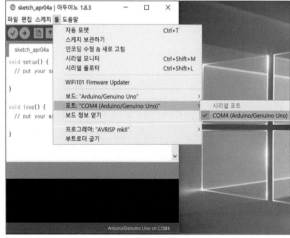

그림 3-5   보드와 포트 설정

보드의 경우 **그림 3-5**와 같이 Arduino/Genuino Uno로 설정하고, 포트의 경우 Arduino/Genuino Uno가 표시된 포트를 선택한다.

이 책에서는 COM4로 확인되지만, 이는 본인의 연결 포트에 따라 다를 수 있다. 또한, 아두이노 포트는 COM3부터 연결된다. 이는 COM1과 COM2는 보통 하드웨어 시리얼 포트로 예약되어 사용되기 때문이다.

3-4 아두이노 sketch 프로그램 기능

아두이노 sketch 프로그램의 첫 화면은 **그림 3-6**과 같다.

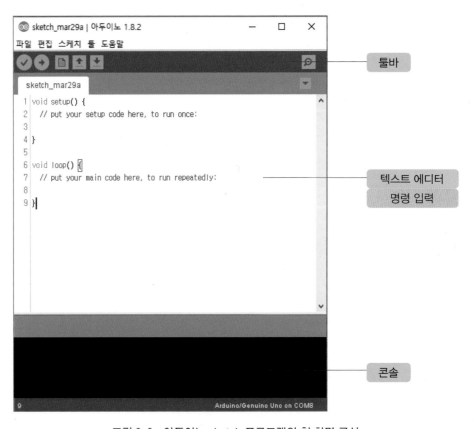

그림 3-6 아두이노 sketch 프로그램의 첫 화면 구성

화면은 크게 툴바(Tool bar), 텍스트 에디터(Text Editor), 콘솔(Console) 화면으로 구성된다.

툴바는 도구 모음이며 확인, 업로드, 새 파일, 열기, 저장, 시리얼 모니터 등의 기능이 포함된다. 텍스트 에디터는 명령(코드)을 입력하는 공간이며, 콘솔 창은 코드를 업로드하는 경우 발생하는 오류 등 특이 상황에 대한 알림을 제공한다.

툴바의 ⊘ 표시는 확인 버튼으로 컴파일 기능을 담고 있다. 컴파일이란 사람이 이해하는 코드를 기계어로 번역해주는 작업을 의미하고, 이러한 작업을 해주는 존재를 **컴파일러(compiler)**라고 한다.

사람이 이해하는 프로그래밍 언어를 영어로 high-level programming language라고 하고, 한국어로 '고급 언어'로 번역된다. 기계가 이해하는 언어를 영어로 low-level programming language라고 하고 '저급 언어'로 번역된다. 이는 사람이 이해하는 언어와 기계가 이해하는 언어의 차이를 표현한 것으로 언어 자체가 고급하고 저급하다는 것을 의미하지 않는다.

확인 버튼을 누르면 프로그램을 코드상의 문법적 오류가 없는지 확인한다. 코드상에 문법적 오류 또는 기타 문제가 있는 경우 콘솔 창에 오류 내용이 출력된다.

툴바의 ⊙ 표시는 업로드 버튼으로 확인 버튼으로 코드 상에 아무런 문제가 없는 경우 이 코드 내용을 컴퓨터와 연결된 하드웨어(아두이노)에 업로드하기 위해 사용된다.

텍스트 에디터는 전처리 영역, void setup( ) 영역, void loop( ) 영역으로 구성된다.

전처리 영역은 코드를 실행하기 전에 처리되는 명령어를 입력하는 부분이다. void setup( ) 부분은 프로그램을 구동하기 위해 최초에 한 번 설정하는 코드를 나타내고, void loop( ) 부분은 프로그램에서 계속 반복하고자 하는 코드를 의미한다.

그림 3-7은 텍스트 에디터 화면 구성을 나타낸다.

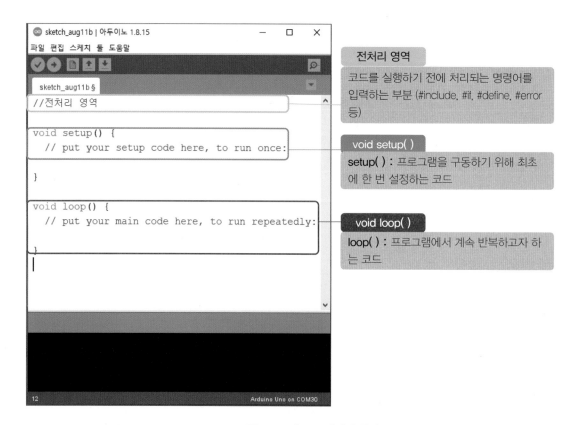

그림 3-7 텍스트 에디터 화면 구성

컴퓨터 언어 역시 언어이기 때문에 각각의 문법과 기호가 존재한다. 따라서 코드를 작성할 때, 적절한 문법과 기호를 사용하지 않으면 오류가 발생하게 된다.

코드 상에서 { } 중괄호, ; 세미콜론, //은 각각 다음과 같은 의미를 갖는다.

① { } 중괄호 : 함수 이름을 입력한 후, 그 함수에 해당하는 코드를 입력하는 범위이다.

② ; 세미콜론 : 이는 마침표를 의미한다.

③ // or /* */ : //는 한 줄 주석을 의미하고, /* */는 여러 줄 주석을 의미한다. 주석은 코드에 영향을 주지 않는 내용으로 메모 또는 일부 코드 감추기를 위해 사용된다.

　시리얼 모니터는 시리얼 통신 등을 통해 입출력되는 데이터를 텍스트로 확인할 수 있는 모니터이다. 시리얼 모니터를 실행시키는 방법은 두 가지이다. 첫째, 툴바의 오른쪽 돋보기 모양을 클릭하거나, 두 번째, 작업 표시줄에서 **툴 → 시리얼 모니터**로 선택하는 방법이 있다.

　그림 3-8은 시리얼 모니터 실행 방법을 나타낸다.

그림 3-8　시리얼 모니터 실행 방법

4

아두이노 sketch 프로그램 기본 함수 익히기

4-1   ASCII 코드의 이해

컴퓨터는 이진수를 표현하는 0과 1밖에 모른다. 그렇기 때문에 사람이 프로그래밍 언어를 사용해서 문자로 명령을 내려도 이 문자를 모두 숫자로 번역하여 기억하게 된다. 이때 정확한 명령 전달을 위해서는 각 숫자별로 어떠한 문자를 의미하는지가 중요한데, 이를 위해 통상적으로 ASCII 코드 방식을 많이 사용한다.

ASCII 코드란 미국 ANSI에서 표준화한 정보교환용 7비트 부호 체계이다. ASCII 코드는 숫자를 0~127번까지만 사용하여 표현한다. 예를 들어 10진수 65는 문자 A를 나타내고, 97은 문자 a를 나타낸다.

그림 4-1은 ASCII 코드의 일부를 나타낸다. 빨간 박스로 표시된 것과 같이 65와 97은 각각 문자 A와 a를 나타내는 것을 확인할 수 있다.

제어 문자			공백 문자			구두점			숫자			알파벳		
10진	16진	문자	10진	16진	문자	10진	16진	문자	10진	16진	문자	10진	16진	문자
0	0x00	NUL	32	0x20	SP	64	0x40	@	96	0x60	`			
1	0x01	SOH	33	0x21	!	65	0x41	A	97	0x61	a			
2	0x02	STX	34	0x22	"	66	0x42	B	98	0x62	b			
3	0x03	ETX	35	0x23	#	67	0x43	C	99	0x63	c			
4	0x04	EOT	36	0x24	$	68	0x44	D	100	0x64	d			
5	0x05	ENQ	37	0x25	%	69	0x45	E	101	0x65	e			
6	0x06	ACK	38	0x26	&	70	0x46	F	102	0x66	f			
7	0x07	BEL	39	0x27	'	71	0x47	G	103	0x67	g			
8	0x08	BS	40	0x28	(	72	0x48	H	104	0x68	h			
9	0x09	HT	41	0x29	)	73	0x49	I	105	0x69	i			
10	0x0A	LF	42	0x2A	*	74	0x4A	J	106	0x6A	j			
11	0x0B	VT	43	0x2B	+	75	0x4B	K	107	0x6B	k			

그림 4-1   ASCII 코드의 일부

(사진 출처 : https://shaeod.tistory.com/228)

4-2 기본 함수의 이해

C언어의 특징 중 하나로 함수가 언급된 것처럼 C언어 프로그래밍에서 함수는 매우 중요한 부분을 차지한다. 따라서 C언어를 기반으로 하는 아두이노 sketch 프로그램 역시 다양한 함수들을 활용하여 프로그래밍하게 된다.

이 단원에서는 아두이노 sketch 프로그램에서 대표적으로 많이 사용되는 기본 함수들에 대해 살펴본다.

표 4-1은 아두이노 sketch 프로그램의 기본 함수를 나타낸다.

표 4-1 아두이노 sketch 프로그램 기본 함수

함수 이름	기능
void( )	함수를 선언할 때 사용되며, 아무런 정보도 반환하지 않는다.
pinMode(pin, mode)	연결된 pin의 mode를 설정한다.
digitalWrite(pin, value)	연결된 pin에 입력된 디지털 value를 출력한다.
digitalRead(pin)	지정한 pin에서의 디지털 값을 읽어온다.
analogWrite(pin, value)	연결된 pin에 입력된 아날로그 value를 출력한다.
analogRead(pin)	지정한 pin에서의 아날로그 값을 읽어온다.
delay(ms)	정해진 ms(밀리초) 동안 프로그램을 멈춘다. (1초=1000ms)
tone(pin, frequency)	연결된 pin에 입력된 주파수를 출력해 준다.
noTone(pin)	연결된 pin의 소리를 멈춘다.
Serial.available( )	시리얼 통신을 데이터가 입력된 경우 바이트 수를 반환해 준다.
Serial.begin(speed)	시리얼 통신을 지정된 speed로 시작한다.
Serial.read( )	입력된 시리얼 데이터를 읽어온다.
Serial.print(val)	val 값을 시리얼 모니터에 출력한다.
Serial.println(val)	val 값을 시리얼 모니터에 출력하고, 개행(줄 바꿈)한다.
Serial.write(val)	val 값을 시리얼 모니터에 출력한다.
Serial.end( )	시리얼 통신을 종료할 때 사용된다.

그 외에 다양한 아두이노 sketch 함수를 알고 싶은 경우 아래의 사이트를 참고하도록 한다. 아래의 사이트는 아두이노 공식 사이트로서 아두이노 sketch 프로그램을 다운받은 사이트이다.

https://www.arduino.cc/reference/ko/

해당 사이트에 들어가면 **그림 4-2**와 같이 다양한 함수에 대한 소개를 확인할 수 있다.

함수

아두이노 보드를 제어하고 계산을 수행하기 위하여.

디지털 입출력
digitalRead()
digitalWrite()
pinMode()

아날로그 입출력
analogRead()
analogReference()
analogWrite()

제로, 두에 및 MKR 제품군
analogReadResolution()
analogWriteResolution()

고급 입출력
noTone()
pulseIn()
pulseInLong()
shiftIn()
shiftOut()
tone()

시간
delay()

수학
abs()
constrain()
map()
max()
min()
pow()
sq()
sqrt()

삼각법
cos()
sin()
tan()

문자
isAlpha()
isAlphaNumeric()
isAscii()
isControl()
isDigit()
isGraph()
isHexadecimalDigit()
isLowerCase()
isPrintable()
isPunct()

난수
random()
randomSeed()

비트 및 바이트
bit()
bitClear()
bitRead()
bitSet()
bitWrite()
highByte()
lowByte()

외부 인터럽트
attachInterrupt()
detachInterrupt()

인터럽트
interrupts()
noInterrupts()

통신
Serial
Stream

그림 4-2   아두이노 sketch 프로그램의 다양한 함수

4-3   라이브러리(library)의 이해

라이브러리(library)는 주로 프로그램을 개발할 때 사용되는 자원의 모음을 의미한다.

도서관에서 이미 만들어진 도서를 빌려와서 도서의 내용을 활용할 수 있듯이 프로그램을 개발할 때, 특정 기능을 담고 있도록 만들어진 라이브러리를 추가하면 그 라이브러리에 포함된 다양한 코드 및 함수를 사용할 수 있게 되는 것이다. 이렇게 사용자는 필요에 맞게 라이브러리를 추가하여 사용할 수 있다.

라이브러리에는 2가지 종류가 있다. 하나는 **표준 라이브러리**이고, 다른 하나는 **사용자 정의 라이브러리**이다.

표준 라이브러리(Standard Libraries)는 자주 사용되는 기능을 대상으로 아두이노 통합개발환경(IDE)에서 공식적으로 제공하는 라이브러리다. 대표적으로 서보 모터, TFT 모니터, 블루투스 센서, LCD Display 등의 라이브러리가 있다.

사용자 정의 라이브러리(User Installed Libraries)는 사용자가 직접 원하는 기능을 담아 만든 라이브러리를 의미한다. 다양한 국가의 사용자들이 필요한 기능을 담은 라이브러리를 만들고, 이를 온라인상에 공유하면 또 다른 사용자들이 해당 라이브러리를 포함하여 프로그래밍을 할 수 있게 된다.

4-4   라이브러리(library) 활용 방법

표준 라이브러리는 보통 아두이노 통합개발환경이 설치될 때 함께 설치되어 해당 라이브러리를 포함하는 의미의 코드를 추가하거나 라이브러리를 선택하여 사용할 수 있다.

표준 라이브러리는 **그림 4-3**과 같이 추가할 수 있고, 해당 화면에서 확인되지 않는 라이브러리의 경우 **그림 4-4**와 같이 검색하여 추가할 수 있다.

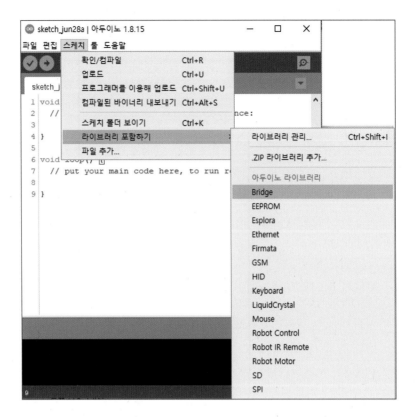

그림 4-3　표준 라이브러리 추가 방법 1

　　그림 4-3과 같은 방법으로 라이브러리를 선택해도 되고, 아래와 같이 코드 상단에 해당 라이브러리를 포함한다는 내용의 코드를 작성해도 된다.

```
#include <Servo.h>
Servo SV;

void setup( )
{
        SV.attach(11);
}
......
```

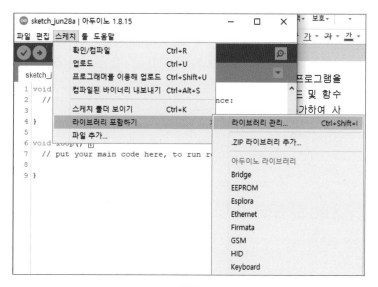

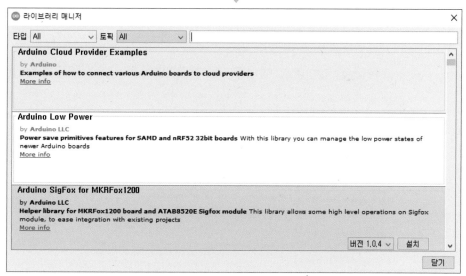

그림 4-4   표준 라이브러리 추가 방법 2

사용자 정의 라이브러리는 아두이노 sketch 파일이 설치된 경로 중 libraries 파일 내에 추가하여 사용할 수 있다.

저자의 경우를 예로 들면 아래의 경로에 사용자 정의 라이브러리를 추가해야 해당 기능을 사용할 수 있다.

C:₩Program Files (x86)₩Arduino₩libraries

5 시리얼 통신

5-1 시리얼 통신의 이해

시리얼 통신(Serial Communication)은 직렬 통신과 같은 의미이며, 비트 단위의 데이터를 직렬 방식으로 주고받는 통신 방법을 의미한다.

시리얼 통신과 대비되는 개념의 병렬 통신(Parallel Communication)은 비트 단위의 데이터를 병렬 방식으로 주고받는 통신 방법을 의미한다.

그림 5-1과 같이 8bit 데이터 01010110을 각각 시리얼 통신과 병렬 통신을 통해 전달할 경우 시리얼 통신은 하나의 신호선을 사용하여 데이터를 전달하고, 병렬 통신은 8개의 신호선을 이용하여 데이터를 전달하게 된다.

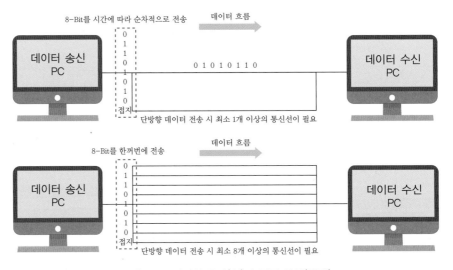

그림 5-1 시리얼 통신(위)과 병렬 통신(아래)

(그림 출처 : https://m.blog.naver.com/PostView.naver?isHttpsRedirect=true&blogId=ansdbtls4067&logNo=220886156177)

시리얼 통신을 하는 이유는 시스템 상의 오류를 확인하고, 프로그램이 제대로 작동하는지 검토하기 위함이다.

여러 개의 통신선을 사용하는 병렬 통신과 달리 시리얼 통신은 하나의 신호선을 사용하기 때문에 병렬 통신에 비해 통신 속도가 느리지만, 적은 신호선을 사용하기 때문에 비용이 저렴하다는 특징이 있다.

5-2   시리얼 통신 핀 이해

아두이노 시리얼 통신에는 아두이노 우노 보드의 디지털 입출력 핀 중 0번 핀과 1번 핀이 사용된다. 시리얼 통신으로 인해 이 두 개의 핀에는 항상 전류가 흐르게 된다. 따라서, 아두이노 프로그래밍을 할 경우 0번 핀과 1번 핀은 사용하지 않는다.

시리얼 통신을 하기 위해서는 통신 속도(Baud Rate)를 지정해 주어야 한다. 통신 속도의 단위는 bps(bits per second)이고, 이는 직렬 전송의 1초당 변조(Modulation, 정보를 저장 및 전송하기 위해 전기적 신호로 변환하는 것) 횟수를 의미한다.

아두이노는 통신 속도를 300~2500000bps 범위까지 지원하지만, 시리얼 라이브러리에서는 115200bps까지만 지원한다. 보편적으로 가장 많이 사용되는 시리얼 통신 속도는 9600bps이다.

5-3   시리얼 통신 실습

아두이노(이 책에서는 아두이노 우노를 아두이노라고 통칭함)를 컴퓨터에 연결하고, 시리얼 통신을 할 경우 아두이노와 컴퓨터는 서로 데이터를 주고받을 수 있게 된다. 이렇게 통신되는 데이터 내용을 확인하기 위해서는 **시리얼 모니터**를 활용해야 한다. 시리얼 모니터는 시리얼 통신에 따른 데이터를 가시적으로 확인할 수 있는 도구이다.

시리얼 모니터를 실행하는 방법은 **그림 3-8**을 참고한다.

그림 5-2는 시리얼 모니터 화면을 나타낸다.

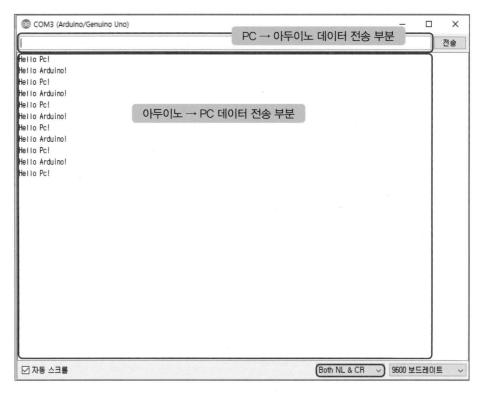

그림 5-2   시리얼 모니터 화면

시리얼 모니터를 살펴보면 상단에 데이터를 입력할 수 있는 부분이 있다. 이 부분은 PC에서 아두이노로 전송할 데이터를 입력하는 곳이다. 데이터를 입력한 뒤, 전송 버튼을 누르면 입력된 데이터가 아두이노로 전송된다.

그림 5-2는 아두이노에서 PC로 전달된 데이터를 보여주는 부분이다. 우측 하단에 Both NL & CR로 표시된 부분은 전송 버튼을 눌렀을 때의 설정을 나타낸다. 각 설정에 대한 내용은 다음과 같다.

① line ending 없음 : 새 줄(NL)과 캐리지 리턴(CR)을 사용하지 않는다.

② 새 줄(Newline, LineFeed) : 줄 바꿈 문자, 줄을 바꿔준다.

③ 캐리지 리턴(CR) : 캐리지 리턴 문자가 추가되어 커서를 맨 앞으로 이동시켜 준다.

④ Both NL & CR : 새 줄(NL)과 캐리지 리턴(CR)을 모두 수행한다.

예를 들어 시리얼 모니터 데이터 입력창에 2byte 크기의 'hi' 텍스트를 전송한다면 전송 결과는 다음과 같다.

① line ending 없음 : 그대로 2byte 전송한다.

② 새 줄(Newline, LineFeed) : hi 다음에 줄 바꿈 문자(\n)를 추가해서 3byte 전송한다.

③ 캐리지 리턴(CR) : hi 다음에 복귀 문자(\r)를 추가해서 3byte 전송한다.

④ Both NL & CR : hi 다음에 줄 바꿈 문자(\n)와 복귀 문자(\r)를 모두 추가하여 4byte 전송한다.

이제 시리얼 통신 실습을 진행해 보자.

우선, USB 케이블을 사용하여 아두이노와 컴퓨터를 연결한다. 시리얼 통신 실습을 하기 전에 앞에서 설명한대로 아두이노 보드 및 포트 설정이 되어있는지 다시 한 번 확인할 수 있도록 한다.

아두이노와 컴퓨터가 잘 연결된 경우 아두이노 보드의 ON 부분에 LED 불이 켜진다.

실습 1 시리얼 모니터에 'Hello PC!' 와 'Hello Arduino!' 문구를 1초 간격으로 출력하기

그림 5-3은 [실습 1]의 코드와 실행 결과를 나타낸다. 그림과 같이 전송 설정은 line ending 없음으로 하고, 전송 속도는 9600 보드레이트로 설정해 준다.

시리얼 통신을 위해 초기 설정 부분은 setup( ) 함수에서 시리얼 통신의 시작을 알리는 코드를 작성한다.

<코드 해석>

■ Serial.begin(9600); → 시리얼 통신을 9600bps 속도로 시작

중괄호를 통해 { } 묶인 공간에서 코드를 입력할 때는 그림 5-3의 3번 줄과 같이 키보드의 Tab 키를 한 번 눌러서 들여쓰기 해준다.

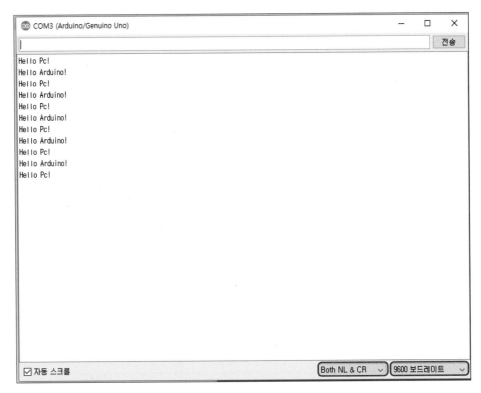

그림 5-3 [실습 1]의 코드와 실행 결과

반복하고자 하는 내용을 loop( ) 함수에 작성한다.

<코드 해석>

- Serial.println("Hello PC!"); → 시리얼 모니터에 'Hello PC!'를 출력하고, 줄 바꿈

- delay(1000); → 1초 동안 코드 실행 멈춤

- Serial.println("Hello Arduino!"); → 시리얼 모니터에 'Hello Arduino!'를 출력하고, 줄 바꿈

- delay(1000); → 1초 동안 코드 실행 멈춤

[실습 1] 코드에서는 별도의 종료 조건이 없기 때문에 입력된 문구가 계속 반복된다.

실습 2	시리얼 모니터에 입력한 문자의 개수가 3개일 경우 시리얼 모니터에 'available : 3'과 같이 출력하는 코드 작성하기

그림 5-4는 [실습 2]의 코드와 실행 결과를 나타낸다.

```
void setup() {
  // put your setup code here, to run once:
  Serial.begin(9600);
}

void loop() {
  // put your main code here, to run repeatedly:
  Serial.print("available : ");
  Serial.println(Serial.available());
  delay(1000);
}
```

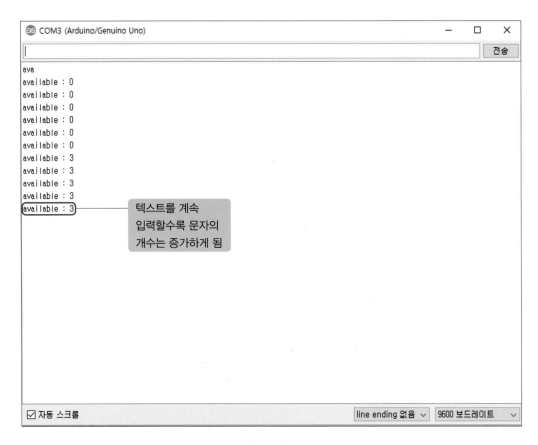

그림 5-4   [실습 2]의 코드와 실행 결과

그림 5-4에서 확인되는 내용과 같이 아무런 데이터가 입력되지 않은 상태에서는
0 값이 출력되고, 입력된 텍스트가 누적될수록 문자의 개수도 누적되어 증가하는
것을 볼 수 있다.

<코드 해석>

- Serial.println(Serial.available( )); → 시리얼 통신으로 입력된 데이터의 바이트 수
  를 반환

실습 3	시리얼 모니터에 입력한 char형 문자 A를 'read:A' 와 같이 출력하는 코드 작성하기

그림 5-5는 [실습 3]의 코드와 실행 결과를 나타낸다.

```
void setup() {
  // put your setup code here, to run once:
  Serial.begin(9600);
}

void loop() {
  // put your main code here, to run repeatedly:
  if(Serial.available())
  {
    char a;
    a = Serial.read();
    Serial.print("read : ");
    Serial.println(a);
  }
}
```

그림 5-5 [실습 3]의 코드와 실행 결과

<코드 해석>

- if(Serial.available( )) → (조건문) 시리얼 통신으로 어떤 값이 입력되었다면(조건문은 코드 마지막에 ; 쓰지 않음)
- char a; → 문자 하나를 담을 수 있는 데이터 타입 char형으로 a라는 이름의 변수 생성
- a = Serial.read( ); → 시리얼 통신으로 읽어온 데이터를 변수 a에 넣음
- Serial.print("read : "); → 시리얼 모니터에 "read : "를 출력하고, 줄을 바꾸지 않음
- Serial.println(a); → a 변수에 담긴 데이터를 출력하고 줄 바꿈

사용자로부터 어떠한 데이터를 입력받아서 그대로 출력하기 위해서는 그 데이터를 저장할 공간이 필요하다. 저장할 공간은 데이터의 형태에 따라 데이터 타입(data type)이 결정되고, 이름이 설정되어야 한다. 이 이름을 변수 이름이라고 하며, 이는 사용자가 설정할 수 있다.

char는 character의 약자로 문자 1개를 넣을 수 있는 데이터 타입을 의미한다. [실습 3]에서 한 글자씩 데이터를 입력받기 때문에 char 형식의 데이터 타입을 사용한 것이다.

6

피지컬 컴퓨팅 실습 1

6-1 피지컬 컴퓨팅의 이해

피지컬 컴퓨팅(physical computing)이란 프로그래밍을 통해 컴퓨터와 연결된 하드웨어를 조작할 수 있는 방법을 의미한다. 즉, 컴퓨터로 입력한 명령의 결과를 현실 세계에서 직접 눈으로 확인할 수 있는 방법을 말한다.

피지컬 컴퓨팅을 할 수 있는 재료들은 다양하지만, 이 책에서는 아두이노 우노를 활용하여 실습한다.

예를 들어 LED 1개를 1초 간격으로 깜빡이게 하는 실습을 진행한다고 가정해 보자. 이 경우 컴퓨터를 통해 해당 기능을 담은 코드를 프로그래밍한다. 그리고 실행 결과 확인을 위해 LED와 LED에 해당 명령을 전해줄 수 있는 보드를 컴퓨터와 연결시킨다.

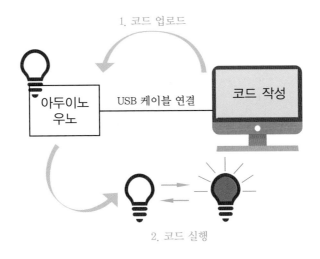

그림 6-1 피지컬 컴퓨팅 과정

그리고 컴퓨터에서 작성한 코드를 연결된 보드에 업로드해주면 내가 원하는 기능(LED 1개 불 깜빡임)을 현실 세계에서 물리적인 장치를 통해 확인하게 된다. 이것이 바로 피지컬 컴퓨팅인 것이다.

그림 6-1은 피지컬 컴퓨팅의 과정을 나타낸 것이다.

6-2   센서의 이해(LED, RGB LED)

이 실습에서 사용되는 LED는 **그림 6-2**와 같고, 제품 사양은 **표 6-1**과 같다.

그림 6-2   5mm LED

(사진 출처 : https://mechasolution.com/shop/goods/goods_view.php?goodsno=65&category=)

표 6-1   5mm LED 제품 사양

분류	설명
명칭	5mm 빨간색 LED
가격(단위 : 원)	100
정격 전압	2.0~2.2V
밝기	600~800mcd
파장	620~625nm

그림 6-2에서 확인되는 바와 같이 LED에는 2개의 다리가 있고, 각각의 다리 길이가 다르다. 보통의 경우 두 개의 다리 중 긴 다리는 (+)극을 나타내고, 짧은 다리는 (−)극을 나타낸다. 이러한 타입을 애노드 타입(Anode Type)이라고 한다.

보통 USB 케이블을 통해 아두이노를 컴퓨터에 연결하는 경우 아두이노에는 5V의 전압이 흐르게 된다. 표 6-1과 같이 우리가 사용하는 LED의 경우 정격 전압이 2.0~2.2V 수준이므로 정상적인 실습을 위해서는 전압을 조절해 주어야 한다. 이때 사용되는 것이 저항이다.

전압, 전류, 저항의 개념을 간단히 설명하면 물의 흐름과 같다고 생각할 수 있다.

펌프를 통해 물을 흘려보낸다고 가정해 보자. 이때 펌프가 물을 미는 힘의 세기를 '수압'이라고 한다. 이 수압에 의해 물이 흐르게 되고, 이를 '유량'이라고 한다. 즉, 수압이 높을수록 유량도 많아진다고 할 수 있다. 반면, 이렇게 흐르던 물이 이전보다 얇은 관을 만난 경우 유량이 줄어들게 된다.

전기의 힘을 '전압'이라고 하고, 전기의 흐름을 '전류'라고 한다. 또한, 전류의 흐름을 방해하는 것을 '저항'이라고 한다. 위에 설명한 수압은 전압과 같고, 유량은 전류와 같으며, 좁아진 관은 저항과 같다고 이해할 수 있다.

아두이노를 컴퓨터에 연결하여 사용하는 경우 기본적으로 5V의 전압이 흐르기 때문에 아두이노에 연결하는 센서들의 허용 전압이 5V보다 작은 경우 각 센서에 맞는 크기의 저항을 사용하여 전압의 세기를 조절해 준다.

이 실습을 위한 LED에 사용되는 저항은 220Ω(옴) 또는 330Ω이다. 저항은 (+)극과 (−)극의 구분 없이 사용한다.

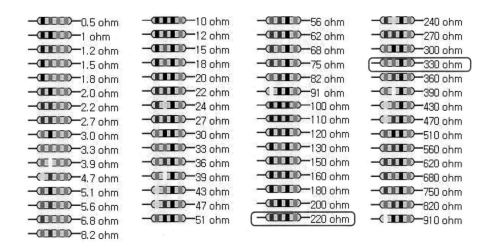

그림 6-3 색깔별 저항의 크기

(그림 출처 : https://blog.daum.net/backhaus4/863)

저항의 크기는 저항 띠의 색에 따라서 다르다. **그림 6-3**은 색깔별 저항의 크기를 나타내고, 빨간색으로 표시된 것이 220Ω과 330Ω 저항이다.

이 실습에서 사용되는 RGB LED는 **그림 6-4**와 같고, 제품 사양은 **표 6-2**와 같다.

그림 6-4   RGB LED 모듈

(사진 출처 : https://mechasolution.com/shop/goods/goods_view.php?goodsno=542276&category=)

표 6-2   RGB LED 제품 사양

분류	설명
명칭	RGB LED 모듈
가격(단위 : 원)	880
정격 전압	3.3~5V
크기	23mm~21mm
무게	4g

RGB는 Red, Green, Blue의 약자로 빛의 3원색을 의미한다. 이 세 가지 색을 조합해서 우리는 다양한 색을 출력할 수 있다. RGB LED의 경우 코드를 입력하기 전까지 사용자가 어떤 색을 출력할지 미리 정해지지 않았기 때문에 LED의 캡이 투명한 색이다.

본래 일반적인 RGB LED의 경우 LED와 같이 저항을 사용해야 한다. 하지만, 우리가 실습에서 사용하는 센서는 저항이 내재된 모듈이다. 따라서 **그림 6-4**와 같은 RGB LED 모듈을 사용하는 경우 별도의 저항을 사용하지 않아도 된다.

모듈형이 아닌 일반적인 RGB LED를 사용하는 경우 (−)극 또는 R, G, B 부분에 저항을 연결한다. 저항의 크기는 이전에 설명한 것과 같이 220Ω 또는 330Ω이다.

RGB LED에서 보편적으로 많이 사용하는 타입은 캐소드 타입(Cathode Type)이다.

캐소드 타입은 가장 긴 다리가 (−)극이고, (−)극을 기준으로 왼쪽의 하나의 다리가 R, (−)극을 기준으로 바로 오른쪽의 다리가 G, 가장 끝 오른쪽 다리가 B이다. 애노드 타입(Anode Type)의 경우 가장 긴 다리가 (+)극이 된다.

6-3   센서를 활용한 실습

이 단원에서는 LED와 RGB LED 모듈을 활용하여 실습을 진행해 본다.

실습 1   LED 1개를 1초 간격으로 깜빡이기

그림 6-5는 [실습 1]의 회로도와 코드를 나타낸다.

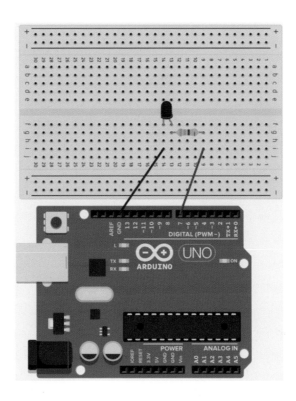

```
void setup() {
  // put your setup code here, to run once:
  pinMode(7, OUTPUT);
}

void loop() {
  // put your main code here, to run repeatedly:
  digitalWrite(7, HIGH);
  delay(1000);
  digitalWrite(7, LOW);
  delay(1000);
}
```

그림 6-5   [실습 1]의 회로도와 코드

회로도의 LED 다리를 보면 오른쪽 다리가 조금 구부러진 것을 볼 수 있다. 이는 오른쪽 다리가 긴 다리라는 것을 의미한다. 따라서 오른쪽 다리가 (+)극이 된다. 수수 점퍼 케이블 2개를 사용하여 LED의 왼쪽 (−)극은 아두이노의 GND로, LED의 오른쪽 (+)극은 아두이노의 7번 핀으로 연결한다.

보통의 경우 (−)극은 아두이노의 GND 핀으로, (+)극은 아두이노의 5V 핀으로 연결된다.

<코드 해석>

- pinMode(7, OUTPUT); → 7번 핀을 출력창으로 사용
- digitalWrite(7, HIGH); → 7번 핀에 신호를 줌
- delay(1000); → 1초 동안 코드 실행 멈춤
- digitalWrite(7, LOW); → 7번 핀에 신호를 주지 않음
- delay(1000); → 1초 동안 코드 실행 멈춤

실습 2   색이 다른 LED 3개를 1초 간격으로 켜고 끄기

그림 6-6은 [실습 2]의 회로도와 코드를 나타낸다.

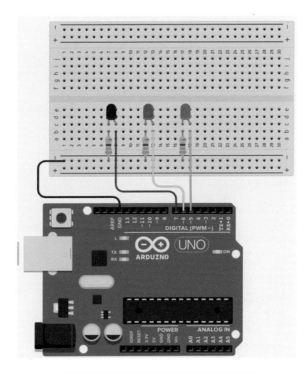

```
void setup()
{
  pinMode(5, OUTPUT);
  pinMode(6, OUTPUT);
  pinMode(7, OUTPUT);
}

void loop()
{
  digitalWrite(5, HIGH);
  delay(1000);
  digitalWrite(5, LOW);
  delay(1000);
  digitalWrite(6, HIGH);
  delay(1000);
  digitalWrite(6, LOW);
  delay(1000);
  digitalWrite(7, HIGH);
  delay(1000);
  digitalWrite(7, LOW);
  delay(1000);
}
```

그림 6-6 [실습 2]의 회로도와 코드

[실습 2]에서는 브레드보드 버스띠의 (−)극을 사용했다. 브레드보드 내부에는 금속선들이 들어 있는데, 여기서 주의할 점은 금속선들의 방향이다.

금속선의 방향은 **그림 6-7**과 같다. 따라서 그림과 같이 선으로 연결된 곳은 같은 신호가 흐른다고 볼 수 있다.

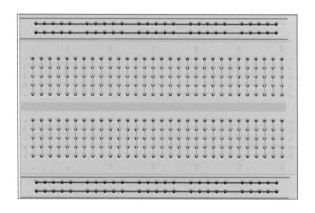

그림 6-7 브레드보드 내부 금속선 방향

(사진출처 : https://binworld.kr/13)

초록색, 노란색, 빨간색 LED의 긴 다리인 (+)극은 각각 아두이노의 디지털 5, 6, 7번 핀에 연결한다. 저항은 (+)극과 (−)극에 모두 사용할 수 있다. 짧은 다리인 (−)극에는 각각 저항의 한쪽 다리를 연결하고, 저항의 다른 한쪽 다리는 버스띠의 (−)에 연결한다. 버스띠의 (−)극은 한 줄로 이어져 있으므로 가장 끝의 핀과 아두이노의 GND 핀을 연결해 주면 버스띠 (−)극에 꽂힌 모든 핀들을 GND 핀과 연결하게 되는 것이다. 이는 멀티탭에 여러 개의 콘센트를 꽂아서 사용하는 것과 같다.

실습 3 시리얼 모니터에 숫자 1을 입력하면 LED가 켜지고, 그 외의 문자에서는 LED 끄기

회로도에서 보이는 것과 같이 LED의 왼쪽이 (−)극이고, 오른쪽이 (+)극이다. LED의 (−)극은 아두이노의 GND 핀으로, LED의 (+)극은 아두이노의 13번 핀으로 연결한다.

그림 6-8은 [실습 3]의 회로도와 코드를 나타낸다.

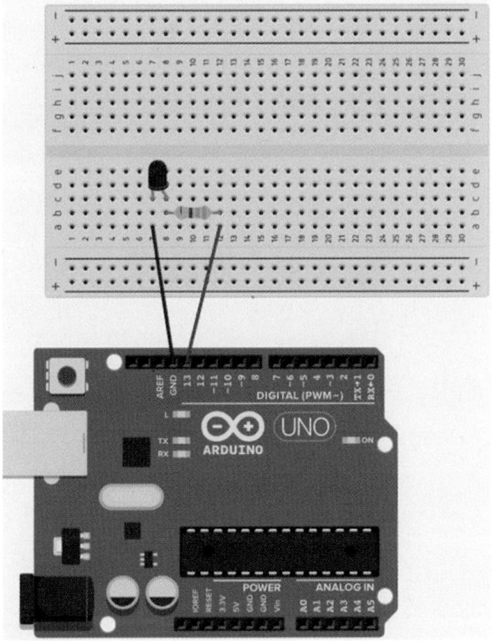

```
void setup() {
  Serial.begin(9600);
  pinMode(13, OUTPUT);
}

void loop() {
 if(Serial.available())
  {
    char a;
    a=Serial.read();
    if(a=='1') //작은 따옴표 ' '는 단일 문자를 표시
    {
      digitalWrite(13,HIGH);
      Serial.println("led ON!!"); //큰 따옴표는 문자열을 표시
    }
    else
    {
      digitalWrite(13, LOW);
      Serial.print("input data : ");
      Serial.println(a);
      Serial.println("led OFF!!");
    }
  }
}
```

그림 6-8 [실습 3]의 회로도와 코드

<코드 해석>

- Serial.begin(9600); → 시리얼 통신을 9600bps 속도로 시작
- pinMode(13, OUTPUT); → 13번 핀을 출력 모드로 사용
- if(Serial.available( )) → 만약 시리얼 통신으로 값이 입력되었다면
- char a; → 문자형 데이터 타입(char)으로 a라는 이름의 변수 선언
- a=Serial.read( ); → 시리얼 통신을 통해 읽어온 값을 a 변수에 저장

- if(a=='1') → 만약 a가 1과 같다면(sketch 코드에서 "=="는 "같다"를 의미함)
- digitalWrite(13, HIGH); → 13번 핀에 디지털 신호 주기
- Serial.println("led ON!!"); → 시리얼 모니터에 "led ON!!" 텍스트 출력

- else → if의 경우가 아니라면
- digitalWrite(13, LOW); → 13번 핀에 디지털 신호 주지 않기
- Serial.print("input data : "); → 시리얼 모니터에 "input data :" 출력
- Serial.println(a); → 시리얼 모니터에 변수 a에 저장된 값을 출력
- Serial.println("led OFF!!"); → 시리얼 모니터에 "led OFF!!" 텍스트 출력

Serial.print( )와 Serial.println( )의 차이

Serial.print( )와 Serial.println( )의 차이는 개행(줄 바꿈)을 하는지 하지 않는지이다. ln이 개행을 의미하기 때문에 Serial.println( )은 개행을 하고, Serial. print( )는 개행을 하지 않는 것이다.

[실습 3]의 다음 3줄의 코드를 살펴보자.

```
Serial.print("input data : ");
Serial.println(a);
Serial.println("led OFF!!");
```

첫 번째 코드만 Serial.print( )이고, 나머지 코드는 Serial.println( )인 것을 확인할 수 있다. 이는 첫 번째 코드를 제외한 나머지 코드에서는 괄호 안에 입력된 내용을 출력하고, 줄을 바꿔준다는 것을 의미한다.

따라서 위의 코드에서 만약 "2"라는 텍스트가 a 변수에 입력되었다고 가정할 경우 시리얼 모니터에는 다음과 같이 출력된다. 파란색 글씨는 커서의 이동을 설명하기 위한 내용으로 실제 시리얼 모니터에 출력되지 않는다.

input data : (줄 바꾸지 않음) 2
(줄 바꿈) led OFF!!
(줄 바꿈)

실습 4 RGB LED를 활용하여 빨간색, 초록색, 파란색 불빛 차례로 출력하기

RGB LED 모듈의 R, G, B를 각각 아두이노의 9번 핀, 10번 핀, 11번 핀에 연결하고, (−)는 아두이노의 GND에 연결한다.

그림 6-9는 [실습 4]의 회로도와 코드를 나타낸다.

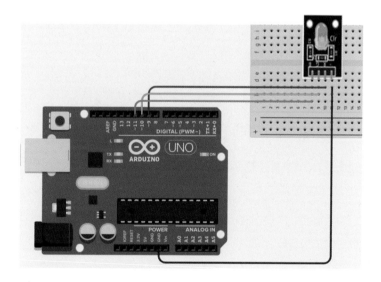

```
void setup()
{
  pinMode(9, OUTPUT);
  pinMode(10, OUTPUT);
  pinMode(11, OUTPUT);
}

void loop()
{
  digitalWrite(9, HIGH);
  digitalWrite(10, LOW);
  digitalWrite(11, LOW);
  delay(1000);

  digitalWrite(9, LOW);
  digitalWrite(10, HIGH);
  digitalWrite(11, LOW);
  delay(1000);

  digitalWrite(9, LOW);
  digitalWrite(10, LOW);
  digitalWrite(11, HIGH);
  delay(1000);
}
```

그림 6-9   [실습 4]의 회로도와 코드

RGB LED 모듈의 R, G, B 핀은 각각 아두이노의 9번 핀, 10번 핀, 11번 핀에 꽂는다. [실습 4]는 digitalWrite( ) 함수를 사용하여 디지털 신호로 색을 출력했지만, 다양한 색을 출력하기 위해서는 아날로그 신호를 사용해야 한다.

우리가 사용한 아두이노의 9, 10, 11번 핀은 모두 앞에 ~표시가 있는 PWM 핀이다. PWM이란 Pulse Width Modulation의 약자로 '펄스 폭 변조'를 의미한다. 이는 디지털 신호의 0과 1의 비율을 조율하여 아날로그 신호와 같은 형태의 값을 출력해 주는데, 이때의 비율을 duty cycle이라고 한다.

즉, PWM 핀은 디지털 신호를 아날로그 신호처럼 흉내 낼 수 있는 것이라고 이해할 수 있다.

<코드 해석>

- pinMode(9, OUTPUT); → 9번 핀을 출력 모드로 사용
- pinMode(10, OUTPUT); → 10번 핀을 출력 모드로 사용
- pinMode(11, OUTPUT); → 11번 핀을 출력 모드로 사용

- digitalWrite(9, HIGH); → 9번 핀에 디지털 신호 주기(빨간색 불빛 출력)
- digitalWrite(10, LOW); → 10번 핀에 디지털 신호 주지 않기
- digitalWrite(11, LOW); → 11번 핀에 디지털 신호 주지 않기
- delay(1000); → 1초 동안 코드 실행 멈추기

- digitalWrite(9, LOW); → 9번 핀에 디지털 신호 주지 않기
- digitalWrite(10, HIGH); → 10번 핀에 디지털 신호 주기(초록색 불빛 출력)
- digitalWrite(11, LOW); → 11번 핀에 디지털 신호 주지 않기
- delay(1000); → 1초 동안 코드 실행 멈추기

- digitalWrite(9, LOW); → 9번 핀에 디지털 신호 주지 않기
- digitalWrite(10, LOW); → 10번 핀에 디지털 신호 주지 않기
- digitalWrite(11, HIGH); → 11번 핀에 디지털 신호 주기(파란색 불빛 출력)
- delay(1000); → 1초 동안 코드 실행 멈추기

실습 5   RGB LED를 활용하여 다양한 색상 출력하기

R, G, B 값을 조절하여 다양한 색상을 출력할 수 있다. 그림 6-10은 색상별 RGB 값을 의미한다. 더욱 다양한 색상의 RGB 값을 확인하고 싶은 경우 아래의 사이트를 참고한다.

RGB 값 확인 사이트 : https://wepplication.github.io/tools/colorPicker/

색상	RGB 값					
빨간색	R	255	G	0	B	0
주황색	R	255	G	128	B	0
노랑색	R	255	G	255	B	0
초록색	R	0	G	255	B	0
파란색	R	0	G	0	B	255
남색	R	10	G	0	B	153
보라색	R	80	G	0	B	80

그림 6-10   색상별 RGB 값

아날로그 신호의 경우 0이 최솟값이고, 255가 최댓값이 된다. 아날로그 수치를 조절하면 R, G, B값이 조절되어 다양한 색깔의 불빛이 출력되는 것이다.

예를 들어 그림 6-10의 주황색의 경우 R값은 최대치인 255만큼, G값은 128, B값은 0 으로 입력했기 때문에 주황색과 같은 색이 출력되는 것이다.

이 실습을 위해서 RGB LED 모듈의 R, G, B를 각각 아두이노의 9번 핀, 10번 핀, 11번 핀에 연결하고, (−)는 아두이노의 GND에 연결한다. 이는 [실습 4]의 회로도와 동일하다.

그림 6-11은 [실습 5]의 회로도와 코드를 나타낸다.

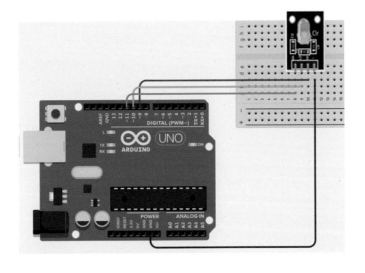

```
void setup() {
  pinMode(9, OUTPUT);
  pinMode(10, OUTPUT);
  pinMode(11, OUTPUT);
}

void loop() {
  analogWrite(9, 255);
  analogWrite(10, 0);
  analogWrite(11, 0);
  delay(1000);

  analogWrite(9, 255);
  analogWrite(10, 128);
  analogWrite(11, 0);
  delay(1000);

  analogWrite(9, 255);
  analogWrite(10, 255);
  analogWrite(11, 0);
  delay(1000);

  analogWrite(9, 0);
  analogWrite(10, 255);
  analogWrite(11, 0);
  delay(1000);

  analogWrite(9, 0);
  analogWrite(10, 0);
  analogWrite(11, 255);
  delay(1000);

  analogWrite(9, 10);
  analogWrite(10, 0);
  analogWrite(11, 153);
  delay(1000);

  analogWrite(9, 80);
  analogWrite(10, 0);
  analogWrite(11, 80);
  delay(1000);
}
```

그림 6-11   [실습 5]의 회로도와 코드

<코드 해석>

■ pinMode(9, OUTPUT); → 9번 핀을 출력 모드로 사용

■ pinMode(10, OUTPUT); → 10번 핀을 출력 모드로 사용

■ pinMode(11, OUTPUT); → 11번 핀을 출력 모드로 사용

■ analogWrite(9, 255); → 9번 핀에 아날로그 값 255(최댓값)를 출력

■ analogWrite(10, 0); → 10번 핀에 아날로그 값 0(최솟값)을 출력

■ analogWrite(11, 0); → 11번 핀에 아날로그 값 0(최솟값)을 출력

■ delay(1000); → 1초 동안 코드 실행 멈추기

- analogWrite(9, 255); → 9번 핀에 아날로그 값 255(최댓값)를 출력
- analogWrite(10, 128); → 10번 핀에 아날로그 값 128을 출력
- analogWrite(11, 0); → 11번 핀에 아날로그 값 0(최솟값)을 출력
- delay(1000); → 1초 동안 코드 실행 멈추기

- analogWrite(9, 255); → 9번 핀에 아날로그 값 255(최댓값)를 출력
- analogWrite(10, 255); → 10번 핀에 아날로그 값 255(최댓값)를 출력
- analogWrite(11, 0); → 11번 핀에 아날로그 값 0(최솟값)을 출력
- delay(1000); → 1초 동안 코드 실행 멈추기

- analogWrite(9, 0); → 9번 핀에 아날로그 값 0(최솟값)을 출력
- analogWrite(10, 255); → 10번 핀에 아날로그 값 255(최댓값)를 출력
- analogWrite(11, 0); → 11번 핀에 아날로그 값 0(최솟값)을 출력
- delay(1000); → 1초 동안 코드 실행 멈추기

- analogWrite(9, 0); → 9번 핀에 아날로그 값 0(최솟값)을 출력
- analogWrite(10, 0); → 10번 핀에 아날로그 값 0(최솟값)을 출력
- analogWrite(11, 255); → 11번 핀에 아날로그 값 255(최댓값)를 출력
- delay(1000); → 1초 동안 코드 실행 멈추기

- analogWrite(9, 10); → 9번 핀에 아날로그 값 10을 출력
- analogWrite(10, 0); → 10번 핀에 아날로그 값 0(최솟값)을 출력
- analogWrite(11, 153); → 11번 핀에 아날로그 값 153을 출력
- delay(1000); → 1초 동안 코드 실행 멈추기

- analogWrite(9, 80); → 9번 핀에 아날로그 값 80을 출력
- analogWrite(10, 0); → 10번 핀에 아날로그 값 0(최솟값)을 출력
- analogWrite(11, 80); → 11번 핀에 아날로그 값 80을 출력
- delay(1000); → 1초 동안 코드 실행 멈추기

실습 6 RGB LED의 밝기 조절하기

반복문을 활용하여 R, G, B값을 순차적으로 올려주고, 이를 통해 밝기를 조절할 수 있다.

이 실습에서 사용되는 반복문을 알아보자. 반복문은 반복되는 구문을 뜻하며, [실습 6]에서 사용되는 반복문인 for 구문의 형태는 다음과 같다.

```
for(시작 값 ; 끝 값 ; 증가 형태)
{
        반복할 내용
}
```

예를 들어 LED를 5번 깜빡이고 싶은 경우 반복문 코드는 다음과 같다.

```
for(int i=0; i<5; ++i)
{
        digitalWrite(7, HIGH);
        delay(1000);
        digitalWrite(7, LOW);
        delay(1000);
}
```

int는 정수형 데이터 타입을 의미한다. int i=0은 정수형 변수 i의 시작 값이 0이라는 것을 의미하고, i<5는 이 i값이 5보다 작을 때까지 아래의 코드를 반복하라는 의미이다. ++i는 반복할 내용을 실행하고, i값을 하나씩 증가시키라는 의미이다. i값이 0부터 1씩 증가하여 5보다 작은 4가 되면, 해당 반복문은 종료 지점을 맞아 종료된다.

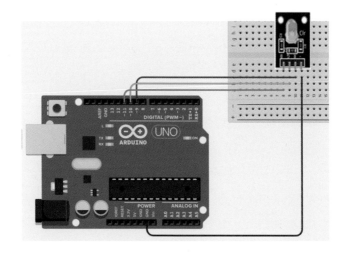

```
int Rpin=9;
int Gpin=10;
int Bpin=11;

void setup() {
  pinMode(Rpin, OUTPUT);
  pinMode(Gpin, OUTPUT);
  pinMode(Bpin, OUTPUT);
}

void loop() {
  int r,g,b;
  for(r=0; r<256; ++r)
  {
    analogWrite(Rpin, r);
    delay(5);
  }
  for(r=255; r>0; --r)
  {
    analogWrite(Rpin, r);
    delay(5);
  }
  for(g=0; g<256; ++g)
  {
    analogWrite(Gpin, g);
    delay(5);
  }
  for(g=255; g>0; --g)
  {
    analogWrite(Gpin, g);
    delay(5);
  }
  for(b=0; b<256; ++b)
  {
    analogWrite(Bpin, b);
    delay(5);
  }
  for(b=255; b>0; --b)
  {
    analogWrite(Bpin, b);
    delay(5);
  }
}
```

그림 6-12 [실습 6]의 회로도와 코드

이 실습을 위해서 RGB LED 모듈의 R, G, B는 [실습 5]와 같이 아두이노의 9번 핀, 10번 핀, 11번 핀에 그대로 연결해 둔다.

그림 6-12는 [실습 6]의 회로도와 코드를 나타낸다.

<코드 해석>

- int Rpin=9; → 정수형 데이터 타입 Rpin이라는 이름의 변수의 값을 9로 설정, 가장 위에 위치한 전역 변수로서 코드 전체적으로 해당 변수를 사용할 수 있다.
- int Gpin=10; → 정수형 데이터 타입 Gpin이라는 이름의 변수의 값을 10으로 설정
- int Bpin=11; → 정수형 데이터 타입 Bpin이라는 이름의 변수의 값을 11로 설정

- pinMode(Rpin, OUTPUT); → Rpin(9)을 출력 모드로 설정
- pinMode(Gpin, OUTPUT); → Gpin(10)을 출력 모드로 설정
- pinMode(Bpin, OUTPUT); → Bpin(11)을 출력 모드로 설정

- int r,g,b; → r,g,b 이름의 정수형 변수 설정, 이는 void loop( )함수 내부에 위치한 지역 변수로서 해당 함수 내에서만 사용 가능
- for(r=0; r<256; ++r) → r값이 0부터 255까지 r값을 하나씩 증가시킨 것만큼 반복(256번)
- analogWrite(Rpin, r); → Rpin에 아날로그 신호 값(r)을 출력(0~255). 점점 밝아짐
- delay(5); → 0.005초 동안 코드 실행 정지
- for(r=255; r>0; --r) → r값이 255부터 1이 될 때까지 r값을 하나씩 감소시킨 것만큼 반복(256번)
- analogWrite(Rpin, r); → Rpin에 아날로그 신호 값(r)을 출력(255~1). 점점 어두워짐
- delay(5); → 0.005초 동안 코드 실행 정지
- for(g=0; g<256; ++g) → g값이 0부터 255까지 g값을 하나씩 증가시킨 것만큼 반복(256번)
- analogWrite(Gpin, g); → Gpin에 아날로그 신호 값(g)을 출력(0~255). 점점 밝아짐
- delay(5); → 0.005초 동안 코드 실행 정지
- for(g=255; g>0; --g) → g값이 255부터 1이 될 때까지 g값을 하나씩 감소시킨 것만큼 반복(256번)
- analogWrite(Gpin, g); → Gpin에 아날로그 신호 값(g)을 출력(255~1). 점점 어두워짐
- delay(5); → 0.005초 동안 코드 실행 정지
- for(b=0; b<256; ++b) → b값이 0부터 255까지 b값을 하나씩 증가시킨 것만큼 반복(256번)
- analogWrite(Bpin, b); → Bpin에 아날로그 신호 값(b)을 출력(0~255). 점점 밝아짐
- delay(5); → 0.005초 동안 코드 실행 정지
- for(b=255; b>0; --b) → b값이 255부터 1이 될 때까지 b값을 하나씩 감소시킨 것만큼 반복(256번)
- analogWrite(Bpin, b); → Bpin에 아날로그 신호 값(b)을 출력(255~1). 점점 어두워짐
- delay(5); → 0.005초 동안 코드 실행 정지

7 피지컬 컴퓨팅 실습 2

7-1 센서의 이해(조도 센서, 온습도 센서)

조도(照度)는 밝은 정도를 나타낸다. 즉, 조도 센서는 밝은 정도를 감지해 주는 센서이다. 조도 센서는 실생활에서 매우 다양하게 사용되고 있다.

예를 들어 자동차 전조등의 경우 Auto mode로 설정이 되면, 주변 환경이 어두워졌을 때 전조등이 자동으로 켜지고, 밝아지면 꺼지게 된다. 이와 마찬가지로 스마트 가로등의 경우 주변의 조도 값에 따라 가로등의 전원이 켜지거나 꺼지게 된다.

이 실습에서 사용되는 조도 센서는 **그림 7-1**과 같고, 제품 사양은 **표 7-1**과 같다.

그림 7-1　조도 센서 모듈

(사진 출처 : https://mechasolution.com/shop/goods/goods_view.php?goodsno=540704&category=)

표 7-1　조도 센서 모듈 제품 사양

분류	설명
명칭	한글 보드 : CDS 조도 센서
가격(단위 : 원)	2,200
정격 전압	3.3V ~ 5V
크기	23×21mm
무게	3g

조도 센서 모듈을 사용하지 않는 경우 10kΩ 저항을 사용해야 한다. **그림 7-1**에서 보이는 것과 같이 조도 센서 모듈에는 3개의 핀이 있다. OUT 핀은 조도 값을 나타내는 데이터 출력 핀이고, VCC와 GND는 각각 아두이노의 5V 핀과 GND 핀에 연결하여 센서에 전원을 공급해 준다.

조도 센서의 원리는 다음과 같다.

조도 센서 내부의 저항값이 빛에 의해 달라지게 되고, 이를 통해 빛의 정도를 감지할 수 있다. 주위가 밝으면 광자의 양이 많아져서 저항값이 감소하고, 어두우면 저항값이 증가하게 된다.

즉, 주위의 밝기와 저항값은 반비례한다고 할 수 있다. 또한, 빛을 감지하는 부분이 클수록 더 많은 양의 빛을 감지할 수 있다. **그림 7-1**에서 빨간색으로 표시된 부분이 빛을 감지하는 부분이다.

우리가 사용하는 조도 센서의 조도 값의 범위는 46~969이다. 보통 아날로그의 값은 0~1023의 범위에서 값이 표현되는데, 조도 센서의 값을 그 중간 값만을 나타내고 있는 셈이다. 이는 조도 센서의 값의 범위인 46~949를 제외한 0~48의 전압과 970~1023의 값이 없다는 것을 의미한다. 그 이유는 자연광, 실내광 등 센서를 통해 측정되는 빛의 세기가 상대적이기 때문이다.

온습도 센서는 주변의 온도와 상대 습도를 감지해주는 센서이다.

이 실습에서 사용되는 온습도 센서는 **그림 7-2**와 같고, 제품 사양은 **표 7-2**와 같다.

그림 7-2　온습도 센서

(사진 출처 : http://jujc.yonam.ac.kr/lecture/ans_ict/aduino/5._dht11_senser.htm)

표 7-2   온습도 센서 모듈 제품 사양

분류	설명
명칭	DHT 11 온습도 센서
가격(단위 : 원)	2,300
정격 전압	3.3~5V
온도 범위	0~50℃±2℃
습도 범위	20~90% R.H.*±5%

㈜ R.H.(Relative Humidity)*: 상대 습도, 공기 중에 포함된 수증기량(g/kg)

온습도 센서 하나로 온도와 습도를 모두 측정할 수 있는 것은 온습도 센서 안에 온도 센서와 습도 센서가 모두 내장되어 있기 때문이다.

온습도 센서의 원리는 다음과 같다.

온도 센서는 고온에서 소결된 반도체 세라믹으로 온도에 따라 물질의 저항값이 변하는 소재를 이용하여 저항값의 변화로 온도를 측정하게 된다.

습도 센서는 두 전극 사이의 저항 변화로 습도의 변화를 확인한다. 전극이 부착된 얇은 판이 공기 중의 수분을 흡수하고, 수분의 양에 의해 전극의 전도도의 변화를 감지하여 상대 습도를 확인하게 되는 것이다.

7-2   센서를 활용한 실습

이 단원에서는 조도 센서 모듈과 온습도 센서 모듈을 활용하여 실습을 진행해 본다.

실습 1   조도 센서와 시리얼 통신을 활용하여 주변의 밝기(조도) 확인하기

조도 센서의 OUT은 아두이노의 아날로그 A0 핀에 연결하고, VCC와 GND는 각각 아두이노의 5V와 GND에 연결한다.

그림 7-3은 [실습 1]의 회로도와 코드를 나타낸다.

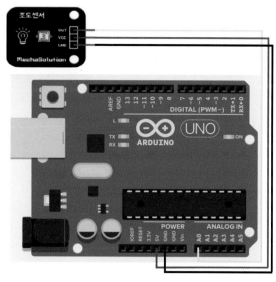

```
int potpin=0; //조도 센서를 아날로그 0번핀에 연결
int val=0; //val라는 이름의 정수형 데이터 값을 0으로 초기화


void setup() {
  Serial.begin(9600);

}


void loop() {
  val=analogRead(potpin); //전역변수 선언 안하고, 0으로 해도됨.
  Serial.println(val);
  delay(1000);

}
```

그림 7-3   [실습 1]의 회로도와 코드

<코드 해석>

■ int potpin=0; → 조도 센서의 OUT 핀을 아날로그 0번 핀에 연결

　　　　　　　　(0을 A0으로 입력해도 됨)

■ int val=0; → val이라는 이름의 정수형 데이터 값을 0으로 초기화

■ Serial.begin(9600); → 시리얼 통신을 9600bps로 시작

- val=analogRead(potpin); → potpin의 값을 아날로그로 읽어서 val에 저장
- Serial.println(val); → 시리얼 모니터에 저장된 val 값을 출력하고 줄 바꿈
- delay(1000); → 1초 동안 코드 실행 정지

그림 7-3과 같이 회로도와 코드 작업을 한 뒤, 업로드하고 시리얼 모니터를 켜서 데이터 값을 확인한다. 평상시의 데이터 값을 확인하고, 센서를 손으로 가렸을 때, 수치가 어떻게 변하는지 확인해 본다.

저자의 경우 평상시 조도 값은 800 이상이었고, 어두울 때 조도 값은 200 이하로 확인되었다. 이 수치는 [실습 2]와 연결되므로 기억해 두도록 한다.

실습 2 주변이 어두우면 LED 켜주기

조도 센서의 OUT은 아두이노의 아날로그 A1 핀에 연결하고, VCC와 GND는 각각 아두이노의 5V와 GND에 연결한다. LED의 왼쪽 다리 (−)극은 아두이노의 GND에 연결하고, 오른쪽 다리 (+)극은 330Ω 저항을 연결한 뒤, 디지털 11번 핀에 연결한다.

그림 7-4는 [실습 2]의 회로도와 코드를 나타낸다.

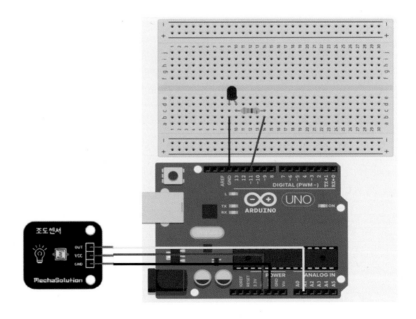

```
int potpin=1;
int val=0;
int led = 11;

void setup() {
  Serial.begin(9600);
  pinMode(led, OUTPUT);
}

void loop() {
  val=analogRead(potpin);
  Serial.println(val);
  delay(1000);
  if(val < 200)
  {
    digitalWrite(led, HIGH);
  }
  else
  {
    digitalWrite(led, LOW);
  }
}
```

그림 7-4   [실습 2]의 회로도와 코드

[실습 2]의 경우 조도 센서의 OUT 핀이 A0에서 A1로 변경되었으니 유의하도록 한다.

저자의 경우 센서를 손으로 감싼 경우 조도 값이 200 이하로 내려가는 것을 확인 하였다. 따라서 조건문에서 값을 비교하는 수치로 200을 사용하였다. 조도 값은 주변 상황에 따라 달라질 수 있으므로 자신의 조도 센서에서 측정되는 수치를 확인하고, 값을 조정하도록 한다.

<코드 해석>

■ int potpin=1; → 조도 센서의 OUT 핀을 아날로그 1번 핀에 연결

　　　　　　　　　(1을 A1로 입력해도 됨)

■ int val=0; → val이라는 이름의 정수형 데이터 값을 0으로 초기화

■ int led=11; → LED를 11번 핀에 연결

■ Serial.begin(9600); → 시리얼 통신을 9600bps로 시작

■ pinMode(led, OUTPUT); → led 핀을 출력 모드로 사용

- val=analogRead(potpin); → potpin(조도 센서) 값을 아날로그로 읽어서 val 변수에 저장

- Serial.println(val); → 시리얼 모니터에 입력된 val 값을 입력하고 줄 바꿈

- delay(1000); → 코드 실행 1초 멈추기

- if(val < 200) → 만약 val(조도 값)이 200보다 작다면

- digitalWrite(led, HIGH); → led 켜기

- else → 그렇지 않다면 (조도 값이 200보다 같거나 크다면)

- digitalWrite(led, LOW); → led 끄기

실습 3 주변의 온습도 시리얼 모니터에 출력하기

DHT11 센서를 사용하기 위해서는 zip 파일 형태로 온습도 센서 라이브러리를 추가해 주어야 한다.

아래의 사이트에 접속하면 자동적으로 DHT11.zip 파일이 다운로드된다.

https://www.kocoafab.cc/data/oss/libraries/DHT11.zip

다운로드된 파일은 아두이노 sketch 프로그램에서 라이브러리를 추가해 준다. 라이브러리가 정상적으로 추가되었다면 DHT11의 예제가 등록된 것을 확인할 수 있다.

그림 7-5는 라이브러리 추가 및 예제 확인 화면을 나타낸다.

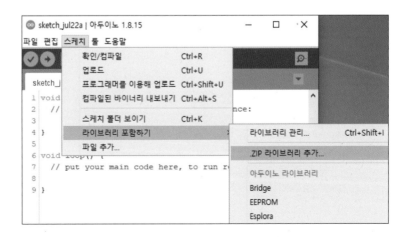

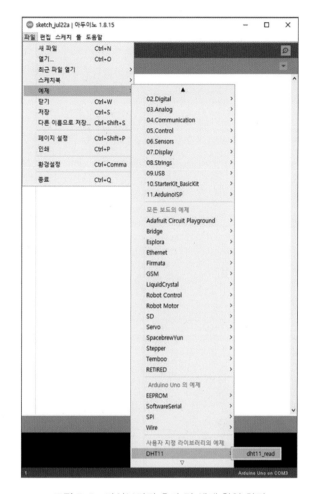

그림 7-5　라이브러리 추가 및 예제 확인 화면

그림 7-6은 [실습 3]의 회로도와 코드를 나타내고, 그림 7-7은 시리얼 모니터로 확인되는 [실습 3]의 온습도 데이터를 나타낸다.

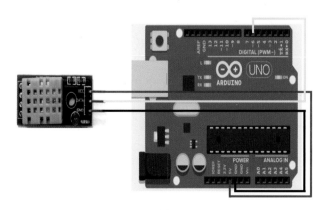

```
#include <DHT11.h>

int pin=6;
DHT11 dht11(pin);

void setup()
{
  Serial.begin(9600);
}

void loop()
{
  float temp, humi;
  dht11.read(humi, temp);
  Serial.print("Temperature = ");
  Serial.println(temp);
  delay(1000);
  Serial.print("humidity = ");
  Serial.println(humi);
  delay(1000);
}
```

그림 7-6   [실습 3]의 회로도와 코드

온습도 센서의 VCC, DATA, GND 핀은 각각 아두이노의 5V, 6번 핀, GND에 연결한다.

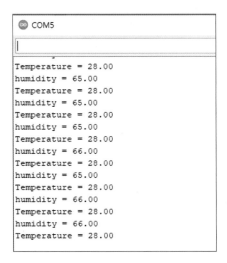

그림 7-7   시리얼 모니터로 확인되는 [실습 3]의 온습도 데이터

\<코드 해석\>

- #include 〈DHT11.h〉 → DHT11 라이브러리 추가

- int pin=6; → pin 변수의 값을 6으로 설정(온습도 센서 DATA 핀을 아두이노의 6
　　　　　　　　번 핀에 연결)

- DHT11 dht11(pin); → 온습도 센서의 데이터 출력 핀을 pin으로 지정

- Serial.begin(9600); → 시리얼 통신을 9600bps로 시작

- float temp, humi; → 실수형 데이터 타입(float)으로 temp와 humi 변수 설정

- dht11.read(humi, temp); → 온습도 센서의 temp와 humi 값 읽어오기

- Serial.print("Temperature = "); → 시리얼 모니터에 "Temperature =" 출력

- Serial.println(temp); → 바로 위 코드 뒤에서 temp 값을 출력하고, 줄 바꿈

- delay(1000); → 코드 실행 1초간 멈춤

- Seria.print("Humidity = "); → 시리얼 모니터에 "Humidity =" 출력

- Serial.println(humi); → 바로 위 코드 뒤에서 humi 값을 출력하고, 줄 바꿈

- delay(1000); → 코드 실행 1초간 멈춤

실습 4　주변의 온도가 27도 이상, 습도가 75% 이상이면 빨간색 LED에 불 켜기

　　실습을 진행하는 환경이 모두 다르므로 [실습 4] 역시 본인의 주변 온습도 데이터를 기반으로 온도와 습도 값을 조절할 수 있도록 한다.

　　온습도 센서는 [실습 3]의 회로와 동일하게 VCC, DATA, GND 핀은 각각 아두이노의 5V, 6번 핀, GND에 연결하고, LED는 (−)극인 왼쪽 다리는 아두이노의 GND에, (+)극인 오른쪽 다리는 아두이노의 7번 핀에 연결한다. 저항은 330Ω 저항을 사용하며, LED의 (+)극에 연결한다.

　　그림 7-8은 [실습 4]의 회로도와 코드를 나타낸다.

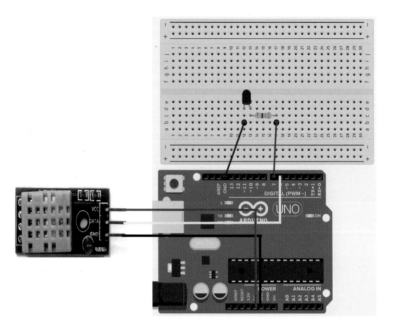

```
#include <DHT11.h>

int pin=6;
DHT11 dht11(pin);

void setup()
{
  Serial.begin(9600);
  pinMode(7, OUTPUT);
}

void loop()
{
  float temp, humi;
  dht11.read(humi, temp);
  Serial.print("Temperature = ");
  Serial.println(temp);
  delay(1000);
  Serial.print("humidity = ");
  Serial.println(humi);
  delay(1000);

  if(temp >= 27 && humi >= 75)
  {
    digitalWrite(7, HIGH);
  }
  else
  {
    digitalWrite(7, LOW);
  }
}
```

그림 7-8   [실습 4]의 회로도와 코드

<코드 해석>

- #include 〈DHT11.h〉 → DHT11 라이브러리 추가

- int pin=6; → pin 변수의 값을 6으로 설정
- DHT11 dht11(pin); → 온습도 센서의 데이터 출력 핀을 pin으로 지정

- Serial.begin(9600); → 시리얼 통신을 9600bps로 시작
- pinMode(7, OUTPUT); → 7번 핀을 출력 창으로 설정
- float temp, humi; → 실수형 데이터 타입(float)으로 temp와 humi 변수 설정
- dht11.read(humi, temp); → 온습도 센서의 temp와 humi 값 읽어오기
- Serial.print("Temperature = "); → 시리얼 모니터에 "Temperature =" 출력
- Serial.println(temp); → 바로 위 코드 뒤에서 temp 값을 출력하고, 줄 바꿈
- delay(1000); → 코드 실행 1초간 멈춤
- Seria.print("Humidity = "); → 시리얼 모니터에 "Humidity =" 출력
- Serial.println(humi); → 바로 위 코드 뒤에서 humi 값을 출력하고, 줄 바꿈
- delay(1000); → 코드 실행 1초간 멈춤

- if(temp >= 27 && humi >=75) → 만약에 temp(온도) 값이 27도 이상이고, humi(습도) 값이 75% 이상이라면, &&는 그리고(and)를 의미한다.
- digitalWrite(7, HIGH); → 7번 핀에 디지털 신호를 보낸다. 즉 연결된 LED가 켜짐

- else → 그렇지 않다면(온도가 27도 이상이고, 습도가 75 이상인 경우가 아니라면)
- digitalWrite(7, LOW); → 7번 핀에 디지털 신호를 보내지 않는다. 즉 연결된 LED 꺼짐

8 피지컬 컴퓨팅 실습 3

8-1 센서의 이해(초음파 센서, 적외선 센서)

초음파 센서는 초음파를 통해 주변 물체와 센서 사이의 거리를 확인해주는 센서이다.

초음파(약 20kHz 이상)는 사람이 들을 수 없는 음역대의 소리이다. 초음파 센서는 센서의 송신부를 통해 초음파를 발생시킨다. 이렇게 발생된 초음파가 주변에 어떠한 물체에 닿은 경우 초음파는 센서의 수신부로 들어오게 된다. 이렇게 들어온 초음파의 시간차를 거리로 환산하여 주변 물체와의 거리를 확인할 수 있게 된다.

초음파 센서의 원리는 **그림 8-1**과 같다.

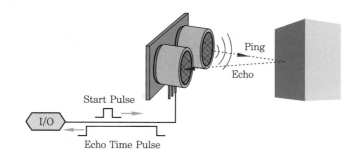

그림 8-1 초음파 센서의 원리

(그림 출처 : http://www.3demp.com/community/boardDetails.php?cbID=124)

초음파 센서의 발신부(Trig)는 함수 발생기에서 (+)와 전압을 번갈아 압전 소자에 가해주면 압전 소자의 변형에 의해 진동이 발생하고 진동에 의해 초음파가 발생하는 역압전 현상(전기 에너지 → 기계적 에너지로 변환)을 이용한다.

초음파 센서의 수신부(Echo)는 발신부에서 발생한 초음파가 물체에 반사되어 들어오는 파동에 의해 압전 소자가 진동하고, 진동에 의해 전압이 발생하는 정압전 현상(기계적 에너지 → 전기 에너지로 변환)을 이용하여 반사되어 돌아오는 시간을 기초로 거리를 측정한다.

실습에 사용되는 초음파 센서는 **그림 8-2**와 같고, 제품 사양은 **표 8-1**과 같다.

그림 8-2   초음파 센서

(사진 출처 : https://dokkodai.tistory.com/104)

표 8-1   초음파 센서 제품 사양

분류	설명
명칭	HC-SR04 초음파 센서
가격(단위 : 원)	1,100
정격 전압	5V
동작 전류	15mA
동작 주파수	40Hz
발생 주파수	40kHz
측정 거리	2~400cm
크기	$45 \times 20 \times 15mm$

그림 8-2와 같이 초음파 센서는 총 4개의 핀(Vcc, Trig, Echo, Gnd)이 있다. Vcc와 Gnd는 전원 공급 핀이고, Trig와 Echo는 각각 초음파 송신부와 수신부를 나타낸다.

적외선 센서는 빛을 방출하여 주변의 물체를 탐색하거나 거리를 측정해주는 센서이다. 적외선 센서를 활용하여 기준 거리에 장애물의 유무를 확인할 수 있으며, 적외선 센서는 다양한 제품들이 있다. 거리 측정이 가능한 제품과 장애물 유무 및 라인을 탐지하는 제품 등이 있다.

실습에 사용되는 센서는 HW-201 모델로 근거리 물체 탐지가 가능한 센서이다. HW-201 센서는 아날로그 출력값을 갖는 다른 적외선 센서들과는 달리 디지털 출력값을 갖는다. 따라서 물체가 있는지 없는지는 확인이 가능하지만 물체와의 거리는 확인할 수 없다. 이 센서는 RC Car에서 라인 감지 센서로도 사용이 가능하다.

실습에 사용되는 적외선 센서는 **그림 8-3**과 같고, 제품 사양은 **표 8-2**와 같다.

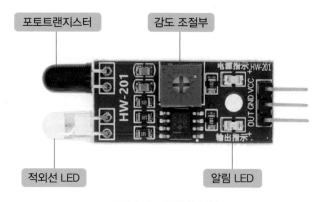

그림 8-3 적외선 센서

표 8-2 적외선 센서 제품 사양

분류	설명
명칭	HW-201 적외선 센서
가격(단위 : 원)	770
정격 전압	3.3~5V
검출 거리	약 30mm 이하
크기	52mm×15mm×8mm

적외선 센서의 작동 원리는 다음과 같다.

적외선 LED에서 적외선이 방출되고, 이 적외선이 주변의 물체에 반사되어 포토 트랜지스터로 돌아온다. 이 과정에서 물체가 감지된 것을 알림 LED가 알려준다.

그림 8-4는 적외선 센서의 원리를 나타낸다.

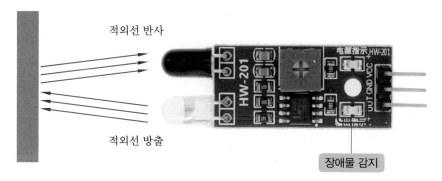

그림 8-4　적외선 센서의 원리

8-2　센서를 활용한 실습

이 단원에서는 초음파 센서와 적외선 센서를 활용하여 실습을 진행해 본다.

실습 1　초음파 센서를 활용한 시리얼 통신으로 물체와의 거리 확인하기

초음파 센서의 VCC, TRIG, ECHO, GND 핀은 각각 아두이노의 5V, 2번 핀, 4번 핀, GND에 연결한다.

그림 8-5는 [실습 1]의 회로도와 코드를 나타낸다.

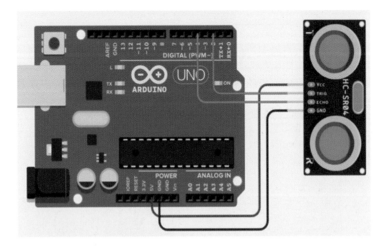

```
int trigPin = 2;
int echoPin = 4;

void setup()
{
  Serial.begin(9600);
  pinMode(trigPin, OUTPUT);
  pinMode(echoPin, INPUT);
}

void loop()
{
  int duration, distance;

  digitalWrite(trigPin, LOW);
  delayMicroseconds(2);
  digitalWrite(trigPin, HIGH);
  delayMicroseconds(10);
  digitalWrite(trigPin, LOW);

  duration = pulseIn(echoPin, HIGH);

  distance = duration/29/2;

  Serial.print(distance);
  Serial.println("cm");
  delay(1000);
}
```

그림 8-5 [실습 1]의 회로도와 코드

<코드 해석>

- int trigPin=2; → 정수형 데이터 타입 trigPin이라는 이름의 값을 2로 지정
  (초음파 센서의 Trig 핀을 아두이노의 2번 핀에 연결)
- int echPin=4; → 정수형 데이터 타입 echPin이라는 이름의 값을 4로 지정
  (초음파 센서의 Echo 핀을 아두이노의 4번 핀에 연결)

- Serial.begin(9600); → 시리얼 통신을 9600bps로 시작
- pinMode(trigPin, OUTPUT); → trigPin(2번 핀)을 출력 모드로 사용
  (초음파를 보내는 곳이므로)
- pinMode(echoPin, INPUT); → echoPin(4번 핀)을 입력 모드로 사용
  (초음파를 받는 곳이므로)

- int duration, distance; → 정수형 변수 dutarion과 distance 선언

- digitalWrite(trigPin, LOW); → trigPin에 디지털 신호 주지 않음
- delayMicroseconds(2); → 2μs(마이크로초) 동안 프로그램 멈춤
- digitalWrite(trigPin, HIGH); → trigPin에 디지털 신호를 보냄. trigPin으로 10μs의 pulse(초음파 파형) 발생
- delayMicroseconds(10); → 10μs(마이크로초) 동안 프로그램 멈춤
- digitalWrite(trigPin, LOW); → trigPin에 디지털 신호 주지 않음

- duration=pulseIn(echoPin, HIGH); → echoPin으로 돌아오는 pulse의 시간을 측정. pulseIn 함수를 통해 방출된 pulse가 입력될 때까지의 시간 μs 단위로 값을 리턴

- distance=duration/29/2; → 음파가 반사된 시간을 거리로 환산. 음파의 속도는 340m/s이므로 1cm를 이동하는데 약 29μs가 소요됨. 따라서 음파의 이동 거리=왕복 시간/1cm 이동 시간/2

- Serial.print(distance); → 시리얼 모니터에 distance 입력
- Serial.println("cm"); → 시리얼 모니터에 cm 입력 후 줄 바꿈
- delay(1000); → 코드 실행 1초간 멈춤

파란색 표시 부분은 초음파를 일정 시간 간격으로 멈추고, 발생시키는 부분이다.

실습 2 초음파 센서를 활용하여 물체와의 거리가 5cm 이내인 경우 시리얼 모니터에
"물체 근접!" 문구를 출력하고, LED를 3번 점멸하기

초음파 센서의 VCC, TRIG, ECHO, GND 핀은 각각 아두이노의 5V, 2번 핀, 4
번 핀, GND에 연결한다. LED의 (−)와 (+)는 각각 아두이노의 GND와 7번 핀에
연결한다.

그림 8-6은 [실습 2]의 회로도와 코드를 나타낸다.

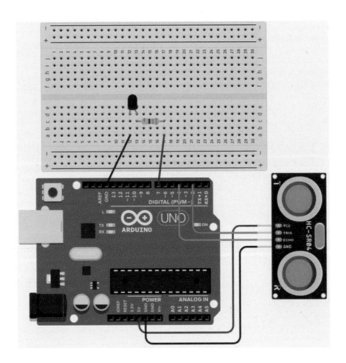

```
int trigPin=2;
int echoPin=4;
int ledPin=7;

void setup()
{
  Serial.begin(9600);
  pinMode(trigPin, OUTPUT);
  pinMode(echoPin, INPUT);
  pinMode(ledPin, OUTPUT);
}

void loop()
{
  int duration, distance;
  digitalWrite(trigPin, LOW);
  delayMicroseconds(2);
  digitalWrite(trigPin, HIGH);
  delayMicroseconds(10);
  digitalWrite(trigPin, LOW);

  duration=pulseIn(echoPin, HIGH);
  distance=duration/29/2;
  Serial.print(distance);
  Serial.println("cm");
  delay(1000);

  if(distance<=5)
  {
    Serial.println("물체 근접!");
    for(int i=0; i<3 ; ++i)
    {
      digitalWrite(ledPin, HIGH);
      delay(300);
      digitalWrite(ledPin, LOW);
      delay(300);
    }
  }
  else
  {
    digitalWrite(ledPin, LOW);
  }
}
```

그림 8-6 [실습 2]의 회로도와 코드

\<코드 해석\>

- int trigPin=2; → 정수형 데이터 타입 trigPin이라는 이름의 값을 2로 지정
  (초음파 센서의 Trig 핀을 아두이노의 2번 핀에 연결)

- int echPin=4; → 정수형 데이터 타입 echPin이라는 이름의 값을 4로 지정
  (초음파 센서의 Echo 핀을 아두이노의 4번 핀에 연결)

- int led=7; → led 변수에 7값을 넣음(led를 7번 핀에 연결)

- Serial.begin(9600); → 시리얼 통신을 9600bps로 시작

- pinMode(trigPin, OUTPUT); → trigPin(2번 핀)을 출력 모드로 사용

- pinMode(echoPin, INPUT); → echoPin(4번 핀)을 입력 모드로 사용

- pinMode(led, OUTPUT); → led 핀을 출력 모드로 사용

- int duration, distance; → 정수형 변수 dutarion과 distance 선언

- digitalWrite(trigPin, LOW); → trigPin에 디지털 신호 주지 않음

- delayMicroseconds(2); → 2μs(마이크로초) 동안 프로그램 멈춤

- digitalWrite(trigPin, HIGH); → trigPin에 디지털 신호를 보냄. trigPin으로 10μs
  의 pulse(초음파 파형) 발생

- delayMicroseconds(10); → 10μs(마이크로초) 동안 프로그램 멈춤

- digitalWrite(trigPin, LOW); → trigPin 에 디지털 신호 주지 않음

- duration=pulseIn(echoPin, HIGH); → echoPin으로 돌아오는 pulse의 시간을 측
  정. pulseIn 함수를 통해 방출된 pulse가
  입력될 때까지의 시간 μs 단위로 값을 리턴

- distance=duration/29/2; → 음파가 반사된 시간을 거리로 환산. 음파의 속도는
  340m/s이므로 1cm를 이동하는데 약 29μs가 소요
  됨. 따라서 음파의 이동 거리= 왕복 시간/1cm 이동
  시간/2

- Serial.print(distance); → 시리얼 모니터에 distance 입력

- Serial.println("cm"); → 시리얼 모니터에 cm 입력 후 줄 바꿈

- delay(1000); → 코드 실행 1초간 멈춤

- if(distance <=5) → 만약 distance(거리)가 5보다 작거나 같다면
- Serial.println("물체 근접!"); → 시리얼 모니터에 "물체 근접!" 출력 후 줄 바꿈
- for(int i=0; i<3; ++i) → i가 0부터 3보다 작을 때까지 i값을 하나씩 증가시킨 것만큼 아래 코드 반복(반복문)
- digitalWrite(led, HIGH); → led 핀에 디지털 신호 주기(led 핀 켜기)
- delay(300); → 코드 실행 0.3초간 멈춤

- else → 그렇지 않다면(distance가 5보다 크다면)
- digitalWrite(led, LOW); → led 핀에 디지털 신호 주지 않기(led 핀 끄기)

그림 8-7은 시리얼 모니터로 확인되는 [실습 2]의 거리 감지 결과를 나타낸다.

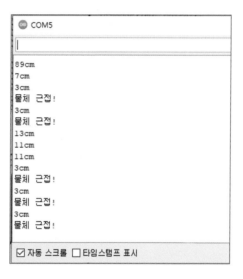

그림 8-7　시리얼 모니터로 확인되는 [실습 2]의 거리 감지 결과

실습 3　**적외선 센서를 활용한 시리얼 통신으로 물체 감지 여부 확인하기**

적외선 센서의 OUT, GND, VCC 핀은 각각 아두이노의 디지털 2번 핀, GND, 5V에 연결한다.

그림 8-8은 [실습 3]의 회로도와 코드를 나타낸다.

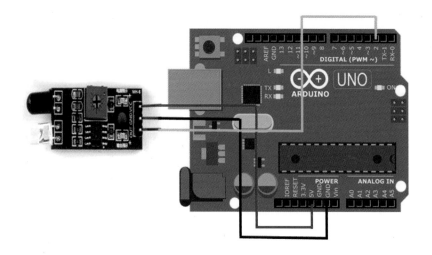

```
int inPin = 2;
int val = 0;

void setup()
{
  Serial.begin(9600);
}

void loop()
{
  val = digitalRead(inPin);
  Serial.println(val);
  Serial.println(" ");
  delay(1000);
}
```

그림 8-8 [실습 3]의 회로도와 코드

<코드 해석>

■ int inPin=2; → inPin이라는 이름의 변수에 2값을 넣음

(2번 핀을 적외선 센서의 OUT 핀과 연결)

■ int val=0; → 정수형 val 변수에 0값을 넣음

(물체 감지에 따른 데이터를 받는 곳을 0으로 초기화)

■ Serial.begin(9600); → 시리얼 통신을 9600bps로 시작

- val=digitalRead(inPin); → inPin의 디지털 값을 읽어온 값을 val 변수에 넣음

    (우리가 사용하는 적외선 센서는 물체가 감지되면 0,

    그렇지 않으면 1을 출력함)

- Serial.println(val); → 시리얼 모니터에 val 값을 입력하고 줄 바꿈

- Serial.println(" "); → 바뀐 줄에서 아무것도 입력하지 않고 다시 줄 바꿈

    (즉, val 값을 출력 후, 한 줄 아무것도 입력되지 않고 다음

    줄에 다음 데이터가 입력됨)

실습 4 적외선 센서를 통해 물체가 감지되면 RGB LED가 빨간색, 초록색, 파란색 불빛
이 순서대로 세 번 출력되고, 그렇지 않은 경우 초록색 불빛 출력하기

적외선 센서의 OUT, GND, VCC 핀은 각각 아두이노의 디지털 2번 핀, GND,
5V에 연결한다. RGB LED 모듈의 −, R, G, B 핀은 각각 아두이노의 GND, 디지
털 9번 핀, 디지털 10번 핀, 디지털 11번 핀에 연결한다.

그림 8-9는 [실습 4]의 회로도와 코드를 나타낸다.

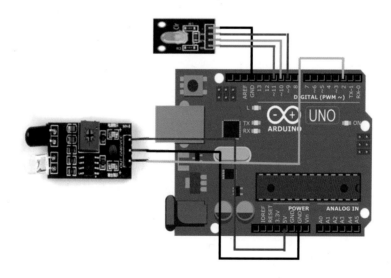

```
int inPin=2;
int val=0;
int Rpin=9;
int Gpin=10;
int Bpin=11;

void setup() {
  Serial.begin(9600);
  pinMode(Rpin, OUTPUT);
  pinMode(Gpin, OUTPUT);
  pinMode(Bpin, OUTPUT);
}

void loop() {
  val=digitalRead(inPin);
  Serial.println(val);
  Serial.println(" ");
  delay(1000);
  if(val==0)
  {
    for(int i=0; i<3; ++i)
    {
      digitalWrite(Rpin, HIGH);
      digitalWrite(Gpin, LOW);
      digitalWrite(Bpin, LOW);
      delay(300);
      digitalWrite(Rpin, LOW);
      digitalWrite(Gpin, HIGH);
      digitalWrite(Bpin, LOW);
      delay(300);
      digitalWrite(Rpin, LOW);
      digitalWrite(Gpin, LOW);
      digitalWrite(Bpin, HIGH);
      delay(300);
    }
  }
  else
  {
    digitalWrite(Rpin, LOW);
    digitalWrite(Gpin, HIGH);
    digitalWrite(Bpin, LOW);
  }
}
```

그림 8-9   [실습 4]의 회로도와 코드

<코드 해석>

■ int inPin=2; → inPin이라는 이름의 변수에 2값을 넣음

(2번 핀을 적외선 센서의 OUT 핀과 연결)

■ int val=0; → 정수형 val 변수에 0값을 넣음

(물체 감지에 따른 데이터를 받는 곳을 0으로 초기화)

■ int Rpin=9; → Rpin이라는 변수에 9 값을 넣음(RGB LED의 R 핀을 9번에 연결)

■ int Gpin=10; → Gpin이라는 변수에 10 값을 넣음(RGB LED의 G 핀을 10번에 연결)

■ int Bpin=11; → Bpin이라는 변수에 11 값을 넣음(RGB LED의 B 핀을 11번에 연결)

- Serial.begin(9600); → 시리얼 통신을 9600bps로 시작

- pinMode(Rpin, OUTPUT); → Rpin을 출력 모드로 설정

- pinMode(Gpin, OUTPUT); → Gpin을 출력 모드로 설정

- pinMode(Bpin, OUTPUT); → Bpin을 출력 모드로 설정

- val=digitalRead(inPin); → inPin의 디지털 값을 읽어온 값을 val 변수에 넣음
  (우리가 사용하는 적외선 센서는 **물체가 감지되면 0, 그 렇지 않으면 1**을 출력함)

- Serial.println(val); → 시리얼 모니터에 val 값을 입력하고 줄 바꿈

- Serial.println(" "); → 바뀐 줄에서 아무것도 입력하지 않고 다시 줄 바꿈
  (즉, val 값을 출력 후, 한 줄은 아무것도 입력되지 않고, 다 음 줄에 다음 데이터가 입력됨)

- if(val==0) → 만약에 val가 0이라면(물체가 감지되었다면)

- for(int i=0; i<3 ;++i) → 아래의 코드를 3번 반복

- digitalWrite(Rpin, HIGH); → Rpin에 디지털 신호를 보냄(빨간색 led를 켜줌)

- digitalWrite(Gpin, LOW); → Gpin에 디지털 신호를 보내지 않음

- digitalWrite(Bpin, LOW); → Bpin에 디지털 신호를 보내지 않음

- delay(300); → 코드 실행 0.3초간 정지

- digitalWrite(Rpin, LOW); → Rpin에 디지털 신호를 보내지 않음

- digitalWrite(Gpin, HIGH); → Gpin에 디지털 신호를 보냄(초록색 led를 켜줌)

- digitalWrite(Bpin, LOW); → Bpin에 디지털 신호를 보내지 않음

- delay(300); → 코드 실행 0.3초간 정지

- digitalWrite(Rpin, LOW); → Rpin에 디지털 신호를 보내지 않음

- digitalWrite(Gpin, LOW); → Gpin에 디지털 신호를 보내지 않음

- digitalWrite(Bpin, HIGH); → Bpin에 디지털 신호를 보냄(파란색 led를 켜줌)

- delay(300); → 코드 실행 0.3초간 정지

- else → 그렇지 않다면

- digitalWrite(Rpin, LOW); → Rpin에 디지털 신호를 보내지 않음

- digitalWrite(Gpin, HIGH); → Gpin에 디지털 신호를 보냄(초록색 led를 켜줌)

- digitalWrite(Bpin, LOW); → Bpin에 디지털 신호를 보내지 않음

피지컬 컴퓨팅 실습 4

9-1 센서의 이해(피에조 버저, 푸시 버튼)

피에조 버저는 소리를 출력해주는 센서이며, (+)와 (−)의 극성 구분이 되어 있다. 버저는 일반 버저와 모듈형 버저가 있다. 일반 버저의 경우 긴 다리가 (+)극이고, 짧은 다리가 (−)극이다.

피에조 버저의 종류에는 능동 버저(active buzzer)와 수동 버저(passive buzzer)가 있다. 능동 버저란 버저 내부에 신호를 발생시킬 수 있는 기능이 있어서 전원만 연결해주면 고정된 주파수의 소리가 출력된다. 수동 버저란 자체적으로 소리를 발생시킬 수 없기 때문에 프로그래밍을 통해 소리를 출력해주는 함수를 입력하여 출력하고자 하는 음역대의 주파수를 설정해야 출력할 수 있다.

이 실습에서는 모듈형 수동 버저를 사용한다. 그림 9-1은 실습에 사용되는 수동 버저를 나타내고, 표 9-1은 수동 버저의 제품 사양을 나타낸다.

표 9-1 수동 버저의 제품 사양

그림 9-1 수동 버저

분류	설명
명칭	아두이노 패시브 버저 모듈
가격(단위 : 원)	1,600
정격 전압	5V
크기	26×21mm

(사진 출처 : https://www.devicemart.co.kr/goods/view?no=1383969)

푸시 버튼은 스위치로 사용할 수 있는 버튼을 의미하며, 전류의 흐름을 막거나 계속 흐르게 하는 용도로 사용된다.

푸시 버튼의 사용 사례는 자판기 버튼, 게임기 방향 버튼, 키보드 등이 있다.

푸시 버튼을 누르면 LOW 신호가 출력되고, 누르지 않으면 HIGH 신호가 출력된다. 푸시 버튼은 일반형과 모듈형이 있는데, 일반형 푸시 버튼의 경우 10kΩ 저항을 함께 사용해야 한다. 이 실습에서는 모듈형을 사용한다.

그림 9-2는 실습에 사용되는 푸시 버튼 모듈을 나타내고, 표 9-2는 푸시 버튼의 제품 사양을 나타낸다.

그림 9-2 실습에 사용되는
푸시 버튼 모듈

표 9-2 푸시 버튼의 제품 사양

분류	설명
명칭	한글 보드 : 디지털 푸시 버튼 모듈
가격(단위 : 원)	1,650
정격 전압	3.3~5V
크기	26×21mm

(사진 출처 : https://mechasolution.com/shop/goods/goods_view.php?goodsno=540717&category=)

9-2   센서를 활용한 실습

이 단원에서는 피에조 버저와 푸시 버튼을 활용한 실습을 진행한다.

실습 1   수동 버저를 활용하여 "도, 레, 미" 음계 출력하기

수동 버저는 버저에 전원이 공급되어도 주파수를 발생시키는 함수를 사용하지 않으면 별도의 소리가 출력되지 않는다. 따라서 원하는 음계에 맞는 주파수를 tone( ) 함수에 입력해 주어야 한다.

tone( ) 함수의 구조는 다음과 같다.

tone(pin, frequency); 또는 tone(pin, frequency, duration);

pin은 소리를 발생시킬 핀이고, frequency는 tone의 주파수를 나타낸다. duration은 옵션으로 tone의 지속 시간을 나타내며, 시간 단위는 ms(밀리초)이다.

예를 들어 tone(bPin, 261, 200);과 같이 사용된 경우 bPin으로 261 주파수(도)를 0.2초 동안 출력하게 된다.

원하는 음계를 확인하기 위해서 옥타브 및 음계별 표준 주파수를 살펴본다. 그림 9-3은 옥타브 및 음계별 표준 주파수를 나타낸다.

(단위 : Hz)

옥타브 음계	1	2	3	4	5	6	7	8
C(도)	32.7032	65.4064	130.8128	261.6256	523.2511	1046.502	2093.005	4186.009
C#	34.6478	69.2957	138.5913	277.1826	554.3653	1108.731	2217.461	4434.922
D(레)	36.7081	73.4162	146.8324	293.6648	587.3295	1174.659	2349.318	4698.636
D#	38.8909	77.7817	155.5635	311.1270	622.2540	1244.508	2489.016	4978.032
E(미)	41.2034	82.4069	164.8138	329.6276	659.2551	1318.510	2637.020	5274.041
F(파)	43.6535	87.3071	174.6141	349.2282	698.4565	1396.913	2793.826	5587.652
F#	46.2493	92.4986	184.9972	369.9944	739.9888	1479.978	2959.955	5919.911
G(솔)	48.9994	97.9989	195.9977	391.9954	783.9909	1567.982	3135.963	6271.927
G#	51.9130	103.8262	207.6523	415.3047	830.6094	1661.219	3322.438	6644.875
A(라)	55.0000	110.0000	220.0000	440.0000	880.0000	1760.000	3520.000	7040.000
A#	58.2705	116.5409	233.0819	466.1638	932.3275	1864.655	3729.310	7458.620
B(시)	61.7354	123.4708	246.9417	493.8833	987.7666	1975.533	3951.066	7902.133

그림 9-3   옥타브 및 음계별 표준 주파수

이 실습에서는 4옥타브의 주파수를 활용하여 코드를 작성한다. 4옥타브의 음계별 주파수는 그림 9-3에서 표시된 부분이다. 주파수를 참고하여 우리가 원하는 음계를 출력하기 위해서는 코드에 261(도), 293(레), 329(미)를 입력해야 한다.

수동 버저의 IN, VCC, GND 핀은 각각 아두이노의 9번 핀, 5V, GND에 연결한다.

그림 9-4는 [실습 1]의 회로도와 코드를 나타낸다.

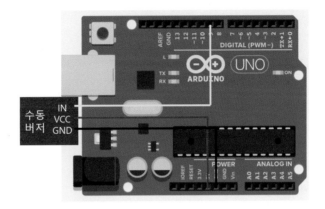

```
int bPin=9;

void setup()
{
  pinMode(bPin, OUTPUT);
}

void loop()
{
  tone(bPin, 261); //4옥타브 "도"를 출력
  delay(500);
  tone(bPin, 293); //4옥타브 "레"를 출력
  delay(500);
  tone(bPin, 329); //4옥타브 "미"를 출력
  delay(500);
}
```

그림 9-4   [실습 1]의 회로도와 코드

<코드 해석>

- int bPin=9; → 버저의 IN 핀을 아두이노의 9번 핀에 연결

- pinMode(bPin, OUTPUT); → bPin을 출력 모드로 사용

- tone(bPin, 261); → bPin을 주파수 261(도 음계)의 소리로 출력
- delay(500); → 0.5초 실행 멈춤
- tone(bPin, 293); → bPin을 주파수 293(레 음계)의 소리로 출력
- delay(500); → 0.5초 실행 멈춤
- tone(bPin, 329); → bPin을 주파수 329(미 음계)의 소리로 출력
- delay(500); → 0.5초 실행 멈춤

실습 2	시리얼 모니터에 a를 입력하면 "Music ON!" 문구와 함께 "떴다 떴다 비행기"를 연주하고, 다른 문자를 입력한 경우 시리얼 모니터에 "Music Off"가 출력되고, 노래 연주하지 않기

이 실습을 진행하기 전에 실습에 사용되는 함수 #define 정의 함수와 배열에 대해 살펴보자.

#define은 정의 함수로서 다음과 같은 형태로 사용된다.

#define **변수명** 사용하고자 하는 값(코드 뒤에 ;이 붙지 않으니 주의하도록 한다.)

#define C 262 → C라는 이름에 262 값을 넣어 사용하겠다는 뜻

배열(Array)은 기차처럼 연속된 데이터의 모음이라고 할 수 있다. 배열은 연속되는 데이터를 코드 상에서 사용하고자 할 때 자주 사용된다.

배열을 사용하기 위해서는 이름 뒤에 대괄호 [ ]를 붙여 크기를 설정하고, 배열을 선언하면서 값을 초기화할 때는 중괄호 { }를 사용한다.

배열은 다음과 같은 형태로 사용된다.
① **자료형** 배열 이름[크기]; 또는 **자료형** 배열 이름[크기]={값, 값, 값, ……};
② 배열의 크기 및 값을 지정하지 않을 때 : int notes[ ];
③ 배열의 크기 및 값을 지정할 때 : int notes[25]={E, D, C, ……};

그림 9-5는 [실습 2]에서 사용되는 배열의 형태를 나타낸다.

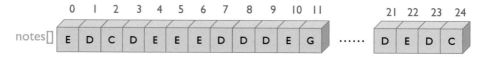

그림 9-5 [실습 2]에서 사용되는 배열의 형태

[실습 2]의 회로도는 [실습 1]과 동일하다. 수동 버저의 IN, VCC, GND 핀은 각각 아두이노의 디지털 9번 핀, 5V, GND에 연결한다.

그림 9-6은 [실습 2]의 회로도와 코드를 나타낸다.

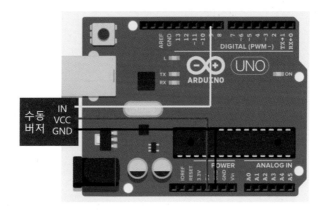

```
#define C 262 //4옥타브 도
#define D 294 //4옥타브 레
#define E 330 //4옥타브 미
#define F 349 //4옥타브 파
#define G 392 //4옥타브 솔

int bPin=9;
int tempo=200;
int notes[25]={E,D,C,D,E,E,E,D,D,D,E,G,G,E,D,C,D,E,E,E,D,D,E,D,C};

void setup() {
  Serial.begin(9600);
  pinMode(bPin, OUTPUT);
}

void loop() {
  if(Serial.available())
  {
    char ch;
    ch=Serial.read();
    if(ch=='a')
    {
      Serial.println("Misic On!^.^");
      for(int i=0; i<25; ++i)
      {
        tone(bPin, notes[i], tempo);
        delay(300);
      }
    }
    else
    {
      Serial.println("Music Off");
      noTone(bPin);
    }
  }
}
```

그림 9-6   [실습 2]의 회로도와 코드

그림 9-7은 [실습 2]의 시리얼 모니터 화면을 나타낸다.

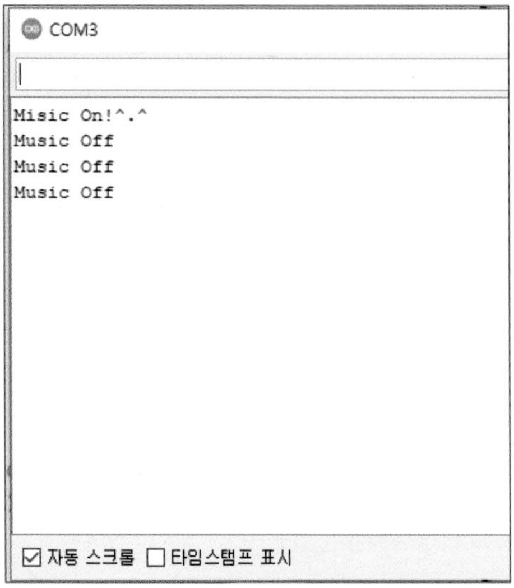

그림 9-7 [실습 2]의 시리얼 모니터 화면

<코드 해석>

■ #define C 262 → C 변수 값을 262로 정의(C가 "도" 음계이므로)

■ #define D 294 → D 변수 값을 294로 정의(D가 "레" 음계이므로)

■ #define E 330 → E 변수 값을 330으로 정의(E가 "미" 음계이므로)

■ #define F 349 → F 변수 값을 349로 정의(F가 "파" 음계이므로)

■ #define G 392 → G 변수 값을 392로 정의(G가 "솔" 음계이므로)

■ int bPin=9; → bPin 이름에 9번 값을 지정(버저를 9번 핀에 연결)

■ int tempo=200; → 정수형 변수 tempo의 값을 200으로 지정

■ int notes[25]={E,D,C,D,E,E,E,D,D,D,E,G,G,E,D,C,D,E,E,E,D,D,E,D,C};
　　　　→ 크기가 25이고, note라는 이름의 배열의 값을 각각

　　　　E,D,C,D,E,E,E,D,D,D,E,G,G,E,D,C,D,E,E,E,D,D,E,D,C로 지정

■ Serial.begin(9600); → 시리얼 통신을 9600bps로 시작

■ pinMode(bPin, OUTPUT); → bPin(버저)을 출력 모드로 사용

■ if(Serial.available( )) → 만약 시리얼 통신으로 값이 입력되면

■ char ch; → 문자형 데이터 타입(char)의 변수 ch를 선언

- ch=Serial.read( ); → 시리얼 통신으로 읽어온 값을 변수 ch에 넣기
- if(ch=='a') → 만약 ch의 값이 a와 같다면 아래의 코드 실행
- Serial.println("Music On! ^.^"); → 시리얼 모니터에 "Music On! ^.^" 출력 후 줄 바꿈
- for(int i=0; i<25 ; ++i) → i가 0부터 25보다 작을 때까지 i값을 하나씩 증가시키 며, 아래의 코드 실행(i값이 0부터 1씩 증가되고, 해당 코드가 25번 반복)
- tone(bPin, notes[i], tempo); → bPin을 notes[i] 주파수로 tempo 주기로 출력
- delay(300); → 코드 실행 0.3초간 멈춤

- else → 그렇지 않다면
- Serial.println("Music Off"); → 시리얼 모니터에 "Music Off" 출력 후 줄 바꿈
- noTone(bPin); → bPin의 주파수를 출력하지 않음

실습 3 푸시 버튼을 활용하여 버튼이 눌렸을 때 시리얼 모니터에 "버튼 누름!" 문구를 출력하고, 버튼이 눌리지 않았을 때 시리얼 모니터에 "버튼 누르지 않음." 문구 출력하기

푸시 버튼 모듈의 OUT, VCC, GND는 각각 아두이노의 디지털 3번 핀, 5V, GND에 연결한다.

그림 9-8은 [실습 3]의 회로도와 코드를 나타낸다.

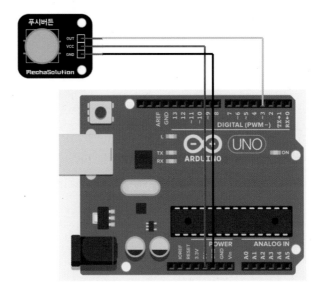

```
int button=3;

void setup() {
  Serial.begin(9600);
  pinMode(button, INPUT);
}

void loop() {
  int state = digitalRead(button);
  if(state == LOW)
  {
    Serial.println("버튼 누름!");
    delay(500);
  }
  else
  {
    Serial.println("버튼 누르지 않음.");
    delay(500);
  }
}
```

그림 9-8 [실습 3]의 회로도와 코드

<코드 해석>

- int button=3; → 정수형 데이터 타입의 변수 button에 3값을 넣음
  (button의 OUT을 3번 핀에 연결)

- Serial.begin(9600); → 시리얼 통신을 9600bps로 시작

- pinMode(button, INPUT); → button 핀을 입력 모드로 사용

- int state=digitalRead(button); → button의 값을 디지털로 읽어와 정수형 변수
  state에 넣음

- if(state==LOW) → 만약 state가 LOW(0)와 같다면, 푸시 버튼은 버튼이 눌렸을
  때 LOW 값을 갖기 때문에 "버튼이 눌렸다면"으로 해석됨

- Serial.println("버튼 누름!"); → 시리얼 모니터에 "버튼 누름!" 텍스트 출력 후 줄 바꿈

- delay(500); → 코드 실행 0.5초간 멈춤

- else → 그렇지 않다면(버튼이 눌리지 않았다면)

- Serial.println("버튼 누르지 않음."); → 시리얼 모니터에 "버튼 누르지 않음." 텍스
  트 출력 후 줄 바꿈

- delay(500); → 코드 실행 0.5초간 멈춤

그림 9-9는 [실습 3]의 시리얼 모니터 화면을 나타낸다.

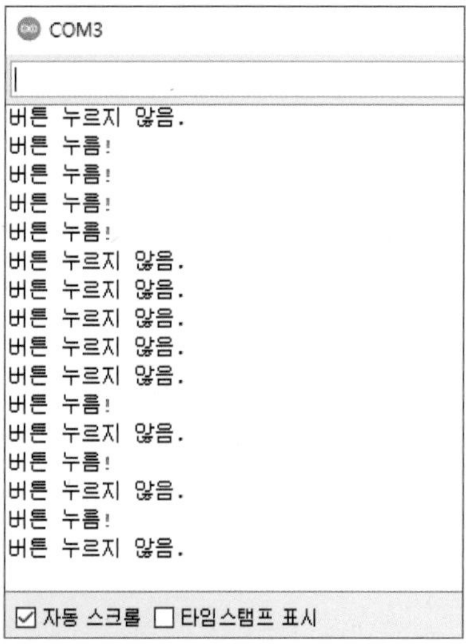

```
COM3

버튼 누르지 않음.
버튼 누름!
버튼 누름!
버튼 누름!
버튼 누름!
버튼 누르지 않음.
버튼 누르지 않음.
버튼 누르지 않음.
버튼 누르지 않음.
버튼 누르지 않음.
버튼 누름!
버튼 누르지 않음.
버튼 누름!
버튼 누르지 않음.
버튼 누름!
버튼 누르지 않음.

☑ 자동 스크롤  ☐ 타임스탬프 표시
```

그림 9-9　[실습 3]의 시리얼 모니터 화면

실습 4	푸시 버튼을 누르면 연결된 LED에 불이 들어오고, 버저로 소리 출력되도록 프로그래밍하기

푸시 버튼 모듈의 OUT 핀은 아두이노의 디지털 3번 핀에 연결하고, 푸시 버튼 모듈의 VCC와 GND 핀은 각각 브레드보드의 버스띠 (+)와 (−)에 연결한다.

수동 버저의 IN 핀은 아두이노의 디지털 8번 핀에 연결하고, 수동 버저의 VCC와 GND 핀은 각각 브레드보드의 버스띠 (+)와 (−)에 연결한다.

LED의 (−)극은 브레드보드의 (−)에 연결하고, (+)극은 저항을 연결한 뒤 아두이노의 디지털 9번 핀에 연결한다.

브레드보드의 버스띠 (−)와 (+)를 각각 아두이노의 GND와 5V에 연결한다.

그림 9-10은 [실습 4]의 회로도와 코드를 나타낸다.

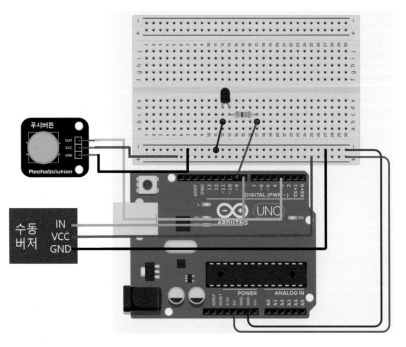

```
int button=3;
int buzzer=8;
int ledPin=9;
int notes[3]={262,294,330};

void setup() {
  pinMode(button, INPUT);
  pinMode(buzzer, OUTPUT);
  pinMode(ledPin, OUTPUT);
}

void loop() {
  int state = digitalRead(button);
  if(state == LOW)
  {
    digitalWrite(ledPin, HIGH);
    for(int i=0; i<3; ++i)
    {
      tone(buzzer, notes[i], 100);
      delay(200);
    }
  }
  else
  {
    digitalWrite(ledPin, LOW);
    noTone(buzzer);
  }
}
```

그림 9-10   [실습 4]의 회로도와 코드

<코드 해석>

- int button=3; → 정수형 변수 button의 값을 3으로 설정

- int buzzer=8; → 정수형 변수 buzzer의 값을 8로 설정

- int ledPin=9; → 정수형 변수 ledPin의 값을 9로 설정

- int notes[3]={262,294,330}; → 크기가 3인 배열 notes에 값 262,294,330을 넣음

- pinMode(button, INPUT); → button을 입력 모드로 사용

- pinMode(buzzer, OUTPUT); → buzzer를 출력 모드로 사용

- pinMode(ledPin, OUTPUT); → ledPin을 출력 모드로 사용

- int state=digitalRead(button); → 버튼의 디지털 값을 읽어와 정수형 변수 state에 넣음

- if(state==LOW) → 만약 state가 0이라면(즉, 버튼이 눌렸다면)

- digitalWrite(ledPin, HIGH); → ledPin에 디지털 신호 주기(ledPin 켜기)

- for(int i=0; i<3; ++i) → i의 값이 0에서부터 3보다 작을 때까지 하나씩 증가되면서 아래의 코드 반복

- tone(buzzer, notes[i], 100); → buzzer 핀의 소리를 notes[i] 주파수로 100ms 간격만큼 출력

- delay(200); → 코드 실행 0.2초간 멈춤

- else → 그렇지 않다면

- digitalWrite(ledPin, LOW); → ledPin에 디지털 신호 주지 않기(ledPin 끄기)

- noTone(buzzer); → buzzer의 소리 끄기

10 피지컬 컴퓨팅 실습 5

10-1 센서의 이해(사운드 센서, 서보 모터)

사운드 센서는 소리를 감지할 수 있는 센서로서 소리를 출력하는 기능은 없다.

우리가 사용할 사운드 센서는 KY-037 모델이다. KY-037 센서는 디지털 값 및
아날로그 값으로 주변 소리를 수치화 할 수 있다. 그림 10-1과 표 10-1은 사운드 센
서와 제품 사양을 나타낸다.

조절기 소리 입력 부분

그림 10-1 사운드 센서

표 10-1 사운드 센서 제품 사양

분류	설명
명칭	사운드 센서 KY-037
가격(단위 : 원)	770
정격 전압	5V
크기	44mm×14mm
출력 데이터	디지털 및 아날로그

사운드 센서에는 4개의 핀과 감도 조절기가 있다. **그림 10-1**에서 표시된 부분이 조절기 부분이고, 조절기를 돌려서 센서 감도를 조절할 수 있다. 4개의 핀은 A0, G, +, D0이다. A0는 아날로그 출력값을 출력할 수 있는 부분이고, D0는 디지털 출력값을 출력할 수 있는 부분이다. G는 아두이노의 GND 핀에 연결하고, +는 아두이노의 5V 핀에 연결하여 사운드 센서에 전원을 공급해 준다.

사운드 센서 감도 조절하는 방법은 다음과 같다.

① 사운드 센서의 D0 핀을 **그림 10-2**와 같이 아래쪽에 둔 상태에서 감도 조절 부위를 왼쪽으로 돌리면 감도가 증가하고, 오른쪽으로 돌리면 감도가 감소한다.
② 전원 연결 후 LED1과 LED2에 모두 불이 들어오는데, LED2에 불이 꺼질 때까지 감도 조절기를 왼쪽으로 돌려준다(미니 드라이버를 사용).
③ LED2의 불이 꺼진 경우 마이크 쪽에 소리를 입력하면 소리가 입력될 때 내장 LED2에 불이 들어오는 것을 볼 수 있다.
④ 이 실습의 경우 기존 감도 수치가 528 정도 나오도록 조절한다.

소리는 **그림 10-1**에서 표시된 소리 입력 부분에 입력한다. **그림 10-2**는 사운드 센서 감도 조절 방향을 나타내고, **그림 10-3**은 감도 조절 후 소리 입력에 따라 LED 2의 불빛이 출력되는 것을 나타낸다.

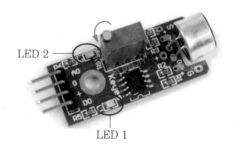

LED 2 ―

LED 1

그림 10-2   사운드 센서 감도 조절 방향

 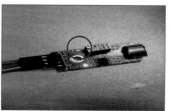

그림 10-3   소리 입력(좌), 소리 미입력(우)에 따른 LED2 불빛 출력 변화

서보 모터는 사용자가 정한 각도로 움직일 수 있는 모터이다. 다양한 서보 모터가 있지만 이 책에서 사용되는 서보 모터는 SG90이다.

그림 10-4는 서보 모터를 나타내고, 표 10-2는 서보 모터의 제품 사양을 나타낸다.

혼 결합 부위 ─

그림 10-4　서보 모터

표 10-2　서보 모터 제품 사양

분류	설명
명칭	서보 모터 SG90
가격(단위 원)	1,200
정격 전압	4.8~7.2V
회전 각도	0~180°
사용 전류	0.2~0.7A
무게	9g

그림 10-4와 같이 서보 모터 SG90 제품은 본체, 혼(horn), 나사로 구성된다. 제품 본체에 자체적으로 다른 색상의 케이블이 연결되어 있고, 3개의 핀을 연결할 수 있다.

케이블의 색은 각각 빨간색, 주황색, 갈색이다. 빨간색 케이블은 아두이노의 5V와 연결되고, 주황색 케이블은 아두이노의 데이터 핀과 연결되며, 갈색 케이블은 아두이노의 GND와 연결된다.

혼(horn)은 모양이 다른 3개로 구성되고, 사용자의 필요에 따라 선택하여 사용한다.

혼을 그림 10-4에서 확인되는 혼 결합 부위에 연결한 뒤, 고정이 필요한 경우 나사를 사용하여 조여 준다. 혼 결합 부위에 혼을 연결한 뒤, 손으로 혼을 돌리게 되면 모터가 고장 날 수 있으므로 주의하도록 한다.

10-2 센서를 활용한 실습

이 단원에서는 사운드 센서와 서보 모터를 활용한 실습을 진행한다.

실습 1 시리얼 모니터에서 사운드 센서 수치 값 확인하기

사운드 센서의 A0는 아두이노의 아날로그 A0 핀에 연결하고, 사운드 센서의 G와 +는 각각 아두이노의 GND와 5V에 연결한다.

그림 10-5는 [실습 1]의 회로도와 코드를 나타낸다.

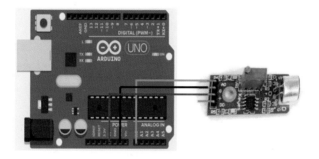

```
int val=0;  //소리 값을 담을 변수 설정 및 초기화

void setup()
{
  Serial.begin(9600); //시리얼 통신시작
  pinMode(A0, INPUT); //A0핀에 사운드센서 연결
}

void loop()
{
  val=analogRead(A0); //A0센서의 아날로그 값을 읽어서
  Serial.println(val); //시리얼 모니터에 출력
  delay(300);
}
```

그림 10-5 [실습 1]의 회로도와 코드

<코드 해석>

- int val=0; → 소리 값을 담을 변수 설정 및 초기화

- Serial.begin(9600); → 시리얼 통신을 9600bps로 시작

- pinMode(A0, INPUT); → 사운드 센서 A0 핀을 아두이노 A0에 연결, A0을 0으로
   입력해도 결과는 동일

- val=analogRead(A0); → A0 센서의 아날로그 값을 읽어서 val 변수에 저장

- Serial.println(val); → 시리얼 모니터에 읽어온 val 값을 출력

- delay(300); → 0.3초간 코드 실행 멈춤

그림 10-6은 시리얼 모니터에서 확인되는 소리 입력 전과 후의 데이터 변화이다.

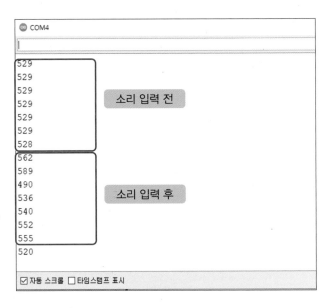

그림 10-6   시리얼 모니터에서 확인되는 [실습 1]의 결과 데이터

그림 10-6과 같이 시리얼 모니터는 데이터를 텍스트 값으로 확인 가능하다. 만약 연속되는 데이터를 그래프 형태로 확인하고 싶다면 **시리얼 플로터**를 사용하여 확인한다.

시리얼 플로터 실행 방법은 **그림 10-7**과 같다.

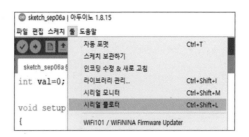

그림 10-7　시리얼 플로터 실행 방법

그림 10-8은 시리얼 모니터와 시리얼 플로터 화면을 나타낸다.

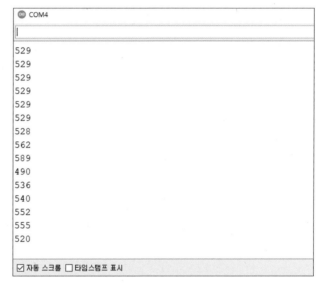

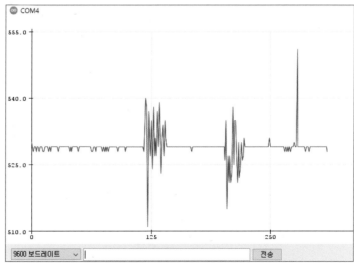

그림 10-8　시리얼 모니터(위)와 시리얼 플로터(아래) 화면

시리얼 모니터와 시리얼 플로터는 동시에 사용할 수 없으므로 주의하도록 한다. 그림 10-8과 같이 시리얼 플로터에서 그래프의 변화 폭이 큰 부분이 소리가 입력된 부분이다.

실습 2   사운드 센서 수치 값 변화에 따라 LED 밝기 조절하여 출력하기

[실습 2]를 진행하기 전에 실습에서 사용되는 map( ) 함수에 대해 알아본다.

우선 자신의 사운드 센서로 감지되는 최소 데시벨과 최대 데시벨을 시리얼 모니터를 통해 확인한다. 그리고 그 값의 범위를 아날로그 LED 출력 범위로 지정해주면 측정되는 소리의 세기에 따라 LED 불빛의 세기가 다르게 출력된다.

저자의 경우 사운드 센서의 최솟값은 523, 최댓값은 800으로 확인되었다.

map( ) 함수는 다음과 같이 사용된다.

map(value, fromLow, fromHigh, toLow, toHigh**)**

- value : 변환할 수(데이터)
- fromLow : 현재 범위 값의 하한
- fromHigh : 현재 범위 값의 상한
- toLow : 목표 범위 값의 하한
- toHigh : 목표 범위 값의 상한

map( ) 함수의 사용 예시는 다음과 같다.

int intensity=map(val, 523, 800, 0, 255**);**

- val : 사운드 센서를 통해 측정되는 값
- 523 : 자신의 사운드 센서를 통해 측정되는 아날로그 최솟값
- 800 : 자신의 사운드 센서를 통해 측정되는 아날로그 최댓값
- 0 : 아날로그 LED 출력 최솟값
- 255 : 아날로그 LED 출력 최댓값

val 값의 범위를 523~800으로 하고, 이 값을 0~255 값으로 매핑(mapping)시켜서 intensity 변수에 그 값을 넣어준다.

사운드 센서의 A0는 아두이노의 아날로그 A0 핀에 연결하고, 사운드 센서의 G와 +는 각각 아두이노의 GND와 5V에 연결한다. LED의 (−)극은 아두이노의 GND에 연결하고, (+)극은 330Ω 저항을 연결한 뒤, 아두이노의 디지털 6번 핀에 연결한다.

그림 10-9는 [실습 2]의 회로도와 코드를 나타낸다.

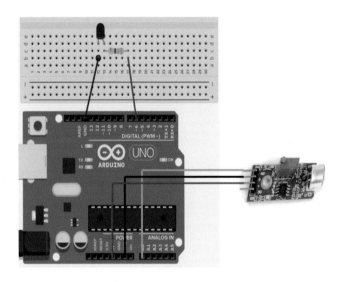

```
int val=0;

void setup()
{
  Serial.begin(9600);
  pinMode(0, INPUT);
  pinMode(6, OUTPUT);//아날로그 값 출력을 위해 PWM핀 사용
}

void loop()
{
  val=analogRead(0);
  int intensity=map(val, 523, 800, 0, 255);
  analogWrite(6, intensity);
  Serial.println(val);
  delay(300);
}
```

그림 10-9   [실습 2]의 회로도와 코드

<코드 해석>

- int val=0; → 정수형 변수 val을 0으로 초기화

- Serial.begin(9600); → 시리얼 통신을 9600bps로 시작
- pinMode(0, INPUT); → 0번을 입력 모드로 사용 (0대신 A0을 사용해도 됨)
- pinMode(6, OUTPUT); → 6번 핀을 출력 모드로 사용

- val=anlogRead(0); → 0번 핀의 값을 아날로그로 읽어서 val 변수에 넣음
- int intensity=map(val, 523, 800, 0, 255); → val 값의 범위를 523~800으로 하고, 이 값을 0~255 값으로 매핑(mapping)시켜서 intensity 변수에 그 값을 넣음
- analogWrite(6, intensity); → 6번 핀의 intensity 값만큼 아날로그 신호를 보냄
- Serial.println(val); → 시리얼 모니터에 val 값을 출력하고 줄 바꿈
- delay(300); → 코드 실행 0.3초간 정지

실습 3   서보 모터 움직이기

서보 모터의 주황색 케이블 데이터 핀은 아두이노의 디지털 11번 핀에 연결하고, 빨간색 케이블은 아두이노의 5V에 연결하며, 갈색 케이블은 아두이노의 GND에 연결한다.

서보 모터는 온습도 센서와 같이 라이브러리를 추가해 주어야 한다. 서보 모터 라이브러리는 아두이노 sketch 프로그램 설치 시 자동으로 설치되므로 별도의 다운로드 없이 라이브러리 포함 선언 후 사용하면 된다.

그림 10-10은 [실습 3]의 회로도와 코드를 나타낸다.

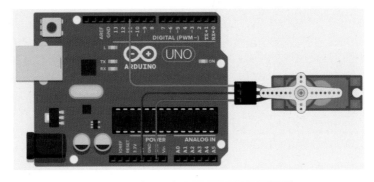

```
#include <Servo.h>
Servo SV;

void setup()
{
  SV.attach(11); //PWM핀 사용
}

void loop()
{
  for(int i=0; i<150; ++i)
  {
    SV.write(i);
    delay(10);
  }
  SV.write(0);
  delay(100);
}
```

그림 10-10 [실습 3]의 회로도와 코드

<코드 해석>

- #include ⟨Servo.h⟩ → Servo 헤더 파일을 포함

- Servo SV; → SV 이름으로 Servo의 기능 사용

- SV.attach(11); → 아두이노의 디지털 11번 핀(PWM)에 서보 모터 연결

- for(int i=0; i<150; ++i) → i가 0부터 150보다 작을 때까지 i값을 1씩 증가시킴.
  서보 모터 각도를 180도까지 사용할 수 있으나 안정
  적인 실습을 위해 사용 범위를 하향 조정함

- SV.write(i); → SV(서보 모터)의 값을 i만큼 입력, 입력된 i값만큼 서보 모터 각도
  가 변경됨

- delay(10); → 0.01초 동안 코드 실행 멈춤

- SV.write(0); → SV(서보 모터)의 값을 0으로 입력, 이전 반복문 코드로 서보 모터의 각도가 증가되었으므로 반복문 이후 서보 모터 값을 0으로 초기화
- delay(100); → 0.1초 동안 코드 실행 멈춤

실습 4 시리얼 모니터로 r을 입력하면 서보 모터를 오른쪽으로 15도, l을 입력하면 왼쪽으로 15도 움직이며, 시리얼 모니터에 방향 및 각도 출력

[실습 4]를 진행하기 전에 조건이 여러 개인 조건문에 대해 알아본다.

이전 실습에서는 조건문을 사용할 경우 if~else 구조로 사용하였다. 하지만 이 경우는 조건 1인 경우와 그렇지 않은 경우에만 사용이 가능하다.

그렇다면 조건이 하나가 아니라 여러 개일 경우 어떻게 사용할 수 있을까?

조건이 여러 개인 경우, if와 else 사이에 else if 구문을 추가해서 사용해주면 된다.

```
if(조건문 1)
{
        조건 1을 만족할 때 수행되는 명령
}
else if(조건문 2)
{
        조건 2를 만족할 때 수행되는 명령
}
else
{
        조건 1과 2에 만족되지 않을 때 수행되는 명령
}
```

조건이 여러 가지일 때, 사용 예시는 다음과 같다.

```
if(x>0 && x<=10)
{
        조건 1이 만족할 때 수행되는 명령(단, 코드에서 x가 int형으로 선언되어
        있어야 함)
}
else if(x>10 && x<=20)
{
        조건 2가 만족할 때 수행되는 명령
}
else
{
        조건 1과 2에 만족되지 않을 때 수행되는 명령
}
```

그림 10-11은 다중 조건문 사용 예시를 도식화한 것이다.

0   10   20

그림 10-11   다중 조건문 사용 예시 도식화

위와 같이 다중 조건문을 활용하여 시리얼 모니터로 입력된 데이터가 r인 경우, 1
인 경우, 그렇지 않은 경우로 코드를 작성할 수 있다.

서보 모터의 주황색 케이블 데이터 핀은 아두이노의 디지털 11번 핀에 연결하
고, 빨간색 케이블은 아두이노에 5V에 연결하며, 갈색 케이블은 아두이노의 GND
에 연결한다.

그림 10-12는 [실습 4]의 회로도와 코드를 나타낸다.

[실습 4]의 코드가 복잡해보일 수 있으나, 그림 10-12에 표시된 부분과 같이 조건
1, 조건 2, 조건 1과 2가 포함되지 않는 경우로 나뉘는 구조인 것을 볼 수 있다. 또
한, 조건 1과 조건 2의 경우 전체 구조는 동일하고, 각도 조절 부분만 다르다.

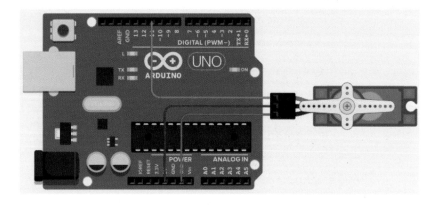

```
void loop()
{
  if(Serial.available())
  {
    char ch = Serial.read();
    if(ch =='r')
    {
      Serial.println("+15도");
      for(int i=0; i<15; ++i)
      {
        angle=angle+1;
        if(angle>=180)
        {
          angle=180;
        }
        SV.write(angle);
        delay(10);
      }
      Serial.println(angle);
    }
    else if(ch == 'l')
    {
      Serial.println("-15도");
      for(int i=0; i<15;++i)
      {
        angle=angle-1;
        if(angle<=0)
        {
          angle=0;
        }
        SV.write(angle);
        delay(10);
      }
      Serial.println(angle);
    }
    else
    {
      Serial.println("r또는 l을 입력하세요.");
    }
  }
}
```

그림 10-12 [실습 4]의 회로도와 코드

<코드 해석>

- #include 〈Servo.h〉 → Servo 헤더 파일을 포함

- Servo SV; → SV 이름으로 Servo의 기능 사용

- int angle=90; → 변수 angle의 값을 90으로 설정(최초 각도 값을 90으로 지정하기 위함)

- Serial.begin(9600); → 시리얼 통신을 9600bps로 시작

- SV.attach(11); → 아두이노의 디지털 11번 핀(PWM)에 서보 모터 연결

- if(Serial.available( )) → 시리얼 모니터에 값이 입력되었다면

- char ch=Serial.read( ); → 시리얼 통신으로 입력된 값을 읽어와 문자형 데이터 타입의 변수 ch에 넣음

- if(ch=='r') → 만약에 입력된 데이터 ch의 값이 r과 같다면

- Serial.println("+15도"); → 시리얼 모니터에 "+15도" 텍스트 출력 후 개행

- for(int i=0; i<15 ; ++i) → i값이 0에서 15보다 작을 때까지 i값을 1씩 증가시킴 (즉, 아래 코드 15번 반복 실행됨)

- angle=angle+1; → angle 값에 1을 더함. 최초의 angle 값은 90

- if(angle>=180) → 만약 angle 값이 180보다 크거나 같다면

- angle=180; → angle 값을 180으로 지정

- SV.write(angle); → angle 값만큼 서보 모터 각도 움직임

- delay(10); → 0.01초 동안 코드 실행 멈춤

- Serial.println(angle); → 시리얼 모니터에 angle 값을 출력하고 개행

- else if(ch== 'l') → 만약에 입력된 데이터 ch의 값이 l(소문자 L)과 같다면

- Serial.println("-15도"); → 시리얼 모니터에 "-15도" 텍스트 출력 후 개행

- for(int i=0; i<15 ; ++i) → i값이 0에서 15보다 작을 때까지 i값을 1씩 증가시킴

- angle=angle-1; → angle 값에 1을 뺌

- if(angle<=0) → 만약 angle 값이 0과 같거나 작다면

- angle=0; → angle 값을 0으로 지정

- SV.write(angle); → angle 값만큼 서보 모터 각도 움직임

- delay(10); → 0.01초 동안 코드 실행 멈춤

- else → 그렇지 않다면(조건 1과 조건 2 모두 만족하지 않는다면)
- Serial.println("r 또는 l을 입력하세요."); → 시리얼 모니터에 "r 또는 l을 입력하세요." 입력 후 개행

[실습 4]의 경우 시리얼 모니터에 데이터가 입력되면 코드가 실행되는 구조이기 때문에 회로 작업 및 코드 업로드 후 반드시 시리얼 모니터에 문자를 입력해야 서보 모터가 동작한다.

실습 5 적외선 센서로 물체가 감지되면 서보 모터 각도 조절하기

서보 모터와 적외선 센서의 (+)극과 (−)극은 각각 브레드보드의 버스띠 (+)와 (−)에 연결한다. 서보 모터의 데이터 핀(주황색 케이블)은 아두이노의 디지털 11번 핀에 연결하고, 적외선 센서의 데이터 핀(OUT)은 아두이노의 데이터 7번 핀에 연결한다. 적외선 센서의 VCC와 GND는 각각 브레드보드의 버스띠 (+)와 (−)에 연결한다. 브레드보드의 (−)와 (+)는 각각 아두이노의 GND와 5V에 연결한다.

그림 10-13은 [실습 5]의 회로도와 코드를 나타낸다.

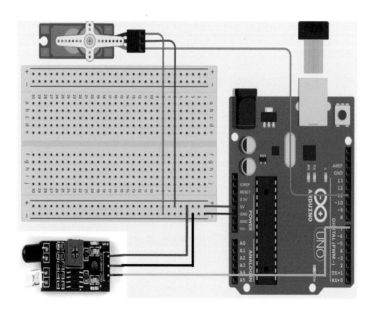

```
#include<Servo.h>
Servo SV; //서보모터 변수 설정
int val=0; //적외선 센서 인식 값 초기화
int angle=90; //최초 서보모터 각도 90도 설정

void setup() {
  Serial.begin(9600);
  SV.attach(11);
  pinMode(7, INPUT); //적외선 센서 7번핀 연결
}

void loop() {
  val=digitalRead(7);
  Serial.println(val);
  delay(500);

  if(val==0) //물체가 인식된 경우
  {
    SV.write(angle+45); //현재 각도에서 +45
    delay(10);
  }
  else //아닌 경우
  {
    SV.write(angle-45); //현재 각도에서 -45
    delay(10);
  }
}
```

그림 10-13 [실습 5]의 회로도와 코드

<코드 해석>

- #include 〈Servo.h〉 → Servo 헤더 파일을 포함
- Servo SV; → SV 이름으로 Servo의 기능 사용
- int val=0; → 적외선 센서 인식 값을 0으로 초기화
- int angle=90; → 변수 angle의 값을 90으로 설정

- Serial.begin(9600); → 시리얼 통신을 9600bps로 시작
- SV.attach(11); → 아두이노의 디지털 11번 핀(PWM)에 서보 모터 연결
- pinMode(7, INPUT); → 7번 핀에 연결된 적외선 센서를 입력 모드로 사용

- val=digitalRead(7); → 7번 핀의 값을 디지털 값으로 읽어와 val 변수에 넣음
- Serial.println(val); → 시리얼 모니터에 읽어온 val 값을 출력하고 개행
- delay(500); → 코드 실행 0.5초간 멈춤

- if(val==0) → 만약 val 값이 0이라면(적외선 센서로 물체가 인식되었다면)
- SV.write(angle+45); → 서보 모터의 현재 각도에서 +45도 증가
- delay(10); → 0.01초 동안 코드 실행 중지

- else → 그렇지 않다면(적외선 센서로 물체가 인식되지 않았다면)
- SV.write(angle−45); → 서보 모터의 현재 각도에서 −45도 감소
- delay(10); → 0.01초 동안 코드 실행 중지

11 피지컬 컴퓨팅 실습 6

11-1 센서의 이해(릴레이 모듈, 블루투스 센서)

릴레이 모듈은 스위치 역할로 사용이 가능한 모듈이다. 릴레이 모듈을 사용할 경우 아두이노의 DC 5V를 사용하여 220ACV의 전원을 제어할 수 있다.

그림 11-1은 릴레이 모듈을 나타내고, 표 11-1은 릴레이 모듈의 제품 사양을 나타낸다.

그림 11-1   릴레이 모듈

표 11-1   릴레이 모듈의 제품 사양

분류	설명
명칭	5V 릴레이 모듈 1 채널
가격(단위 : 원)	660
정격 전압	5V
최대 입력 가능 전원	250ACV 10A, 30DCV
작동 전류	65mA
무게	10g

릴레이 모듈의 원리는 다음과 같다.

전자석(전류가 흐르는 동안 자기장이 형성되는 자석)의 원리로 전류가 흐르면 자기장을 형성해 자기력으로 자석을 끌어당기고, 전류가 흐르지 않으면 자석을 놓는 원리이다.

그림 11-2는 릴레이 모듈의 원리를 나타낸다.

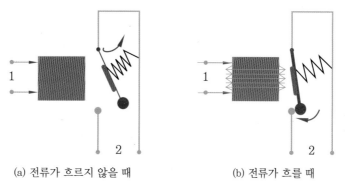

(a) 전류가 흐르지 않을 때　　　　　(b) 전류가 흐를 때

그림 11-2　릴레이 모듈의 원리

(그림 출처 : https://kocoafab.cc/tutorial/view/589)

우리가 실습에 사용하는 릴레이 모듈은 그림 11-1과 같은 1 채널 모듈이다. 릴레이 모듈은 전원 및 제어 핀과 릴레이 출력 단자로 구성된다.

전원 및 제어 핀은 전원 공급과 데이터 통신을 위한 제어 핀으로 구성되고, 릴레이 출력 단자는 NO, COM, NC로 구성된다. 전원 및 제어 핀에서 S핀은 데이터 통신을 위하여 아두이노의 디지털 입출력 핀에 연결하고, -는 아두이노의 GND, 중간 핀은 아두이노의 5V에 연결한다.

NO는 Normal Open의 약자로 평상시에 스위치가 열려 있고, 릴레이에 전류가 흐를 때는 닫히게 된다. NC는 Normal Close의 약자로 평상시에 스위치가 닫혀 있고, 릴레이에 전류가 흐르면 스위치가 열리게 된다. COM은 Common Port의 약자로 공통 단자를 의미하며, 항상 연결시켜 주어야 한다.

따라서 NO(Normal Open)는 릴레이에 전류가 흐를 때 제품으로 전류를 흐르게 하고 싶을 때 사용하고, NC(Normal Close)는 릴레이에 전류가 흐를 때 제품으로 전류를 차단시키고 싶을 때 사용된다.

그림 11-3은 NC와 NO 회로도를 나타낸다.

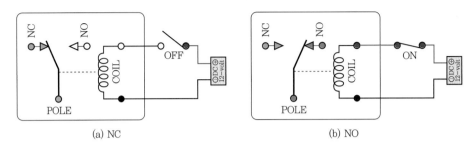

(a) NC   (b) NO

그림 11-3   NC와 NO 회로도

(그림 출처: https://m.blog.naver.com/roboholic84/220460268471)

블루투스 센서는 근거리 통신이 가능한 센서이다.

블루투스는 기기 간 마스터(Master)와 슬레이브(Slave) 구성으로 연결되는데, 마스터 기기가 생성하는 주파수 호핑(블루투스 통신 기법)에 슬레이브 기기를 동기화하지 못하면 통신이 이루어지지 않는다.

마스터는 연결의 주체이고, 슬레이브는 연결을 받는 곳이다. 예를 들어 스마트폰과 블루투스 스피커를 연결하는 경우 연결을 시도하는 스마트폰이 마스터가 되고, 연결을 받는 블루투스 스피커가 슬레이브가 되는 것이다. 마스터와 슬레이브는 통신의 주체가 어느 쪽인지에 따라 결정되는 것이고, 블루투스 통신은 양방향으로 이루어진다.

그림 11-4는 실습에 사용되는 블루투스 센서를 나타내고, 표 11-2는 블루투스 센서의 제품 사양을 나타낸다.

그림 11-4   블루투스 센서

표 11-2 블루투스 센서의 제품 사양

분류	설명
명칭	블루투스 센서 BT-06
가격(단위 : 원)	3,960
기본 모드	슬레이브(마스터 변경 불가)
정격 전압	3.6~6V
통신 거리	10m 이내
사용 전력	30mA
크기	3.6×1.5cm

블루투스 센서에는 4개의 핀(RXD, TXD, GND, VCC)이 있다. RXD와 TXD는 각각 블루투스 통신을 위한 핀으로 수신부와 송신부를 나타낸다. GND와 VCC는 전원 공급 핀이다.

블루투스 센서에 전원이 공급되면 센서 내장 LED가 깜빡이게 되고, 블루투스 센서가 마스터 기기에 연결되면 불빛이 계속 켜지게 된다.

11-2 센서를 활용한 실습

이 단원에서는 릴레이 모듈과 블루투스 센서를 활용한 실습을 진행한다.

실습 1 릴레이 모듈을 활용하여 1초 간격으로 LED 점멸하기

이 실습에서는 릴레이 NO 모드를 사용한다.

릴레이 모듈의 전원 및 제어 핀에서 (−) 핀, 중간 핀은 각각 브레드보드의 버스띠 (−)와 (+)에 연결하고, S핀은 아두이노의 디지털 4번 핀에 연결한다. 릴레이 모듈의 릴레이 출력 단자의 NO는 LED의 (+)극과 연결하고, COM은 브레드보드의 버스띠 (+)에 연결한다. LED의 (−)극은 브레드보드의 (−)에 연결한다. 브레드보드의 버스띠 (+)와 (−)는 각각 아두이노의 5V와 GND에 연결한다.

그림 11-5는 [실습 1]의 회로도와 코드를 나타낸다.

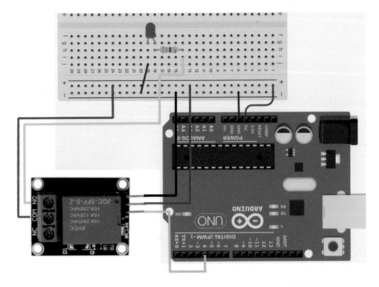

```
int relay=4;   //릴레이 모듈 핀을 4번 핀으로 설정

void setup()
{
  pinMode(4, OUTPUT);
}

void loop()
{
  digitalWrite(4, HIGH);
  delay(1000);
  digitalWrite(4, LOW);
  delay(1000);
}
```

그림 11-5 [실습 1]의 회로도와 코드

<코드 해석>

■ int relay=4; → relay 이름의 변수에 4 값을 넣음

　　　　　　　(릴레이 모듈의 데이터 핀(S)을 아두이노의 4번 핀에 연결)

■ pinMode(4, OUTPUT); → 4번 핀을 출력 모드로 사용

■ digitalWrite(4, HIGH); → 4번 핀에 디지털 신호를 보냄

■ delay(1000); → 1초 동안 코드 실행 중지

■ digitalWrite(4, LOW); → 4번 핀에 디지털 신호를 보내지 않음

■ delay(1000); → 1초 동안 코드 실행 중지

시리얼 통신으로 특정 문자열 "ON"을 입력한 경우 릴레이 모듈이 5번 동작하게 하고, 그 외의 문자를 입력한 경우 동작하지 않도록 하기

이 실습에서는 릴레이 NO 모드를 사용한다.

릴레이 모듈의 전원 및 제어 핀에서 (−) 핀, 중간 핀은 각각 브레드보드의 버스띠 (−)와 (+)에 연결하고, S핀은 아두이노의 디지털 4번 핀에 연결한다. 릴레이 모듈 의 릴레이 출력 단자의 NO는 LED의 (+)극과 연결하고, COM은 브레드보드의 버 스띠 (+)에 연결한다. LED의 (−)극은 브레드보드의 (−)에 연결한다. 브레드보드 의 버스띠 (+)와 (−)는 각각 아두이노의 5V와 GND에 연결한다.

그림 11-6은 [실습 2]의 회로도와 코드를 나타낸다.

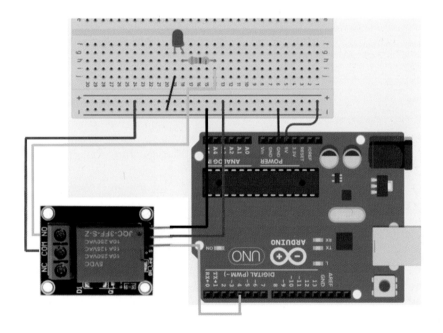

```
int relay=4;

void setup()
{
  pinMode(4, OUTPUT);
  Serial.begin(9600);
}

void loop()
{
  if(Serial.available())
  {                                    역 슬래시
    String str=Serial.readStringUntil('\n');
    Serial.println(str);

    if(str=="ON")
    {
      for(int i=0; i<5; ++i)
      {
        digitalWrite(4, HIGH);
        delay(1000);
        digitalWrite(4, LOW);
        delay(1000);
      }
    }
    else
    {
      digitalWrite(4, LOW);
    }
  }
}
```

그림 11-6   [실습 2]의 회로도와 코드

그림 11-6에 표시된 부분은 역슬래시이다. 키보드의 역슬래시 위치는 **그림 11-7**
과 같다.

그림 11-7   키보드의 역슬래시 위치

<코드 해석>

- int relay=4; → relay 이름의 변수에 4값을 넣음 (전역 변수 설정, 릴레이 모듈의 데이터 핀(S)을 아두이노의 4번 핀에 연결)

- pinMode(4, OUTPUT); → 4번 핀을 출력 모드로 사용
- Serial.begin(9600); → 시리얼 통신을 9600bps로 시작

- if(Serial.available( )) → 시리얼 통신을 값이 입력되었다면
- String str=Serial.readStringUntil('\n'); → 문자열 형식 str 변수에 입력되는 값의 끝 지점이 개행(\n)될 때까지 문자열을 읽음
- Serial.println(str); → 시리얼 모니터에 읽어온 str 값을 출력한 후 개행

- if(str=="ON") → 만약 str 값이 ON과 같다면
- for(int i=0; i<5; ++i) → i값이 0부터 5보다 작을 때까지 i값을 하나씩 증가시킴 (아래 코드 5번 반복)
- digitalWrite(4, HIGH); → 4번 핀에 디지털 신호를 보냄
- delay(1000); → 1초 동안 코드 실행 중지
- digitalWrite(4, LOW); → 4번 핀에 디지털 신호를 보내지 않음
- delay(1000); → 1초 동안 코드 실행 중지

- else → 그렇지 않다면 (str 값이 ON과 같지 않다면)
- digitalWrite(4, LOW); → 4번 핀에 디지털 신호를 보내지 않음

| 실습 3 | 블루투스 센서 연결 확인 및 이름 설정 |

그림 11-8은 [실습 3]의 회로도와 코드를 나타낸다.

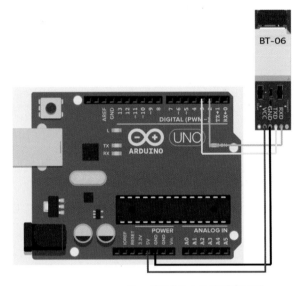

```
#include <SoftwareSerial.h>

SoftwareSerial BTSerial(3,2);

void setup()
{
  Serial.begin(9600);
  BTSerial.begin(9600);
}

void loop()
{
  if(BTSerial.available())
    Serial.write(BTSerial.read());
  if(Serial.available())
    BTSerial.write(Serial.read());
}
```

그림 11-8   [실습 3]의 회로도와 코드

블루투스 센서의 RXD와 TXD는 각각 아두이노의 디지털 입출력 핀 2번과 3번에 연결하고, 블루투스 센서의 VCC와 GND는 각각 아두이노의 5V와 GND에 연결한다.

블루투스 통신 기능을 사용하기 위해서 라이브러리 SoftwareSerial을 추가해 주어야 한다.

〈코드 해석〉

- #include 〈SoftwareSerial.h〉 → SoftwareSerial 라이브러리 추가

- SoftwareSerial BTSerial(3,2); → 소프트웨어 시리얼의 변수를 BTSerial로 지정하고 3번과 2번 핀을 각각 통신 송신부와 수신부로 지정

- Serial.begin(9600); → 시리얼 통신을 9600pbs로 시작
- BTSerial.begin(9600); → 블루투스 시리얼 통신을 9600pbs로 시작

- if(BTSerial.available( )) → BTSerial에 값이 입력되면
- Serial.write(BTSerial.read( )); → 읽어온 값을 시리얼 모니터에 출력

- if(Serial.available( )) → 시리얼 모니터에 값이 입력되면
- BTSerial.write(Serial.read( )); → 읽어온 값을 BTSerial에 출력

[실습 3]과 같이 회로 작업을 하고 코드를 업로드한 뒤, 시리얼 모니터를 켠다. 그리고 블루투스 센서와 아두이노 간의 통신이 잘 이루어지고 있는지 확인한다. **그림 11-9**와 같이 AT 명령어를 입력한 전송을 눌렀을 때, 시리얼 모니터 화면에 OK 라고 출력되면 블루투스 통신이 정상적으로 이루어지고 있는 것을 의미한다.

이때 주의할 점은 시리얼 모니터 출력 방식이 **그림 11-9**와 같이 **Both NL&CR**로 되어 있어야 한다.

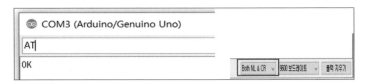

그림 11-9   AT 명령어 입력 결과 및 시리얼 모니터 출력 방식

블루투스 이름 설정 방법은 다음과 같다.

시리얼 모니터에 AT+NAME 뒤에 자신이 설정하고자 하는 블루투스 센서의 이름을 입력한 뒤, 전송 버튼을 누르면 된다. 예를 들어 AT+NEMEJJ와 같이 입력한 경우 블루투스 센서의 이름은 JJ가 된다. 설정이 정상적으로 되었다면 시리얼 모니터에 OK가 출력된다.

블루투스 비밀번호 설정 방법은 다음과 같다.

시리얼 모니터에 AT+PIN 뒤에 자신이 원하는 4자리 숫자를 입력하고, 전송 버튼을 누르면 된다. 예를 들어 AT+PIN1212와 같이 입력한 경우 블루투스 센서의 비밀번호는 1212가 된다. 비밀번호 역시 설정이 정상적으로 되었다면 시리얼 모니터에 OK가 출력된다.

이와 같이 설정한 뒤, 아두이노 USB 케이블을 뽑고 다시 연결하면 핸드폰에서 내가 설정한 이름의 블루투스를 찾을 수 있다. 다음 실습을 위해 자신이 설정한 이름의 블루투스를 등록시켜둔다.

저자의 경우 블루투스 이름은 JJ이고, 비밀번호는 1212이다.

실습 4   블루투스 센서에 연결된 핸드폰을 조작하여 LED 켜고 끄기

이 실습은 **안드로이드 스마트폰**에서만 사용이 가능하다.

자신의 스마트폰 Play 스토어에 들어가서 **Arduino Blutooth Controller** 앱을 다운 받는다. 앱을 설치한 후, 자신의 블루투스에 연결하고 스위치 모드를 선택한다. 그림 11-10은 앱 다운 및 블루투스 연결 방법을 나타낸다.

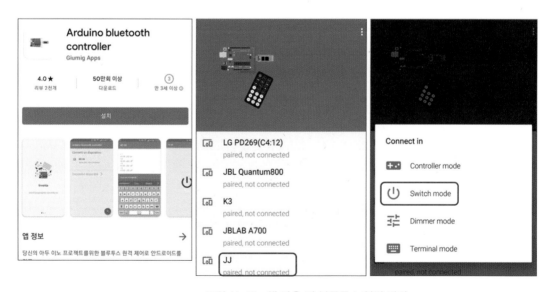

그림 11-10   앱 다운 및 블루투스 연결 방법

그림 11-11과 같이 on과 off에 대한 명령어를 on은 a로, off는 b로 입력한다.

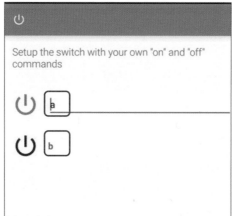

그림 11-11   on과 off에 대한 명령어 입력 방법

블루투스 센서의 RXD와 TXD는 각각 아두이노의 디지털 입출력 핀 2번과 3번에 연결하고, 블루투스 센서의 VCC와 GND는 각각 아두이노의 5V와 GND에 연결한다. LED의 (−)극은 아두이노의 GND에 연결하고, (+)극은 330Ω 저항을 연결한 뒤, 아두이노의 디지털 4번 핀에 연결한다.

그림 11-12는 [실습 4]의 회로도와 코드를 나타낸다.

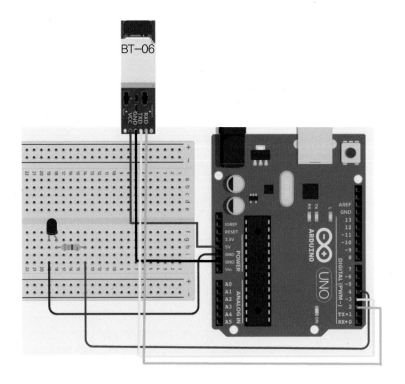

```
#include <SoftwareSerial.h>

SoftwareSerial BTSerial(3,2);

void setup()
{
  Serial.begin(9600);
  BTSerial.begin(9600);
  pinMode(4, OUTPUT);
}

void loop()
{
  char data;
  if(BTSerial.available())
  {
    data=BTSerial.read();
    Serial.write(data);
    Serial.write("\n");
    if(data=='a')
      digitalWrite(4, HIGH);
    else if(data=='b')
      digitalWrite(4, LOW);
  }
}
```

그림 11-12   [실습 4]의 회로도와 코드

<코드 해석>

■ #include 〈SoftwareSerial.h〉 → SoftwareSerial 라이브러리 추가

■ SoftwareSerial BTSerial(3,2); → 소프트웨어 시리얼의 변수를 BTSerial로 지정하고 3번과 2번 핀을 각각 통신 송신부와 수신부로 지정

■ Serial.begin(9600); → 시리얼 통신을 9600pbs로 시작

■ BTSerial.begin(9600); → 블루투스 시리얼 통신을 9600pbs로 시작

■ pinMode(4, OUTPUT); → 4번 핀을 출력 모드로 사용

■ char data; → 문자형 데이터 타입(char)의 변수 data 선언

■ if(BTSerial.available( )) → 블루투스 통신으로 값이 입력되었다면

■ data=BTSerial.read( ); → 블루투스 통신으로 읽어온 값을 data에 넣음

■ Serial.write(data); → 시리얼 모니터에 data를 출력

■ Serial.write(" \ n"); → 시리얼 모니터에 개행 문자 입력(즉, 한 줄 띄기)

■ if(data=='a') → 만약 data(블루투스 통신으로 읽어온 값)가 a와 같다면

■ digitalWrite(4, HIGH); → 4번 핀에 디지털 신호를 줌
(즉, 4번 핀에 연결된 LED 켜짐)

■ else if(data=='b') → 만약 data(블루투스 통신으로 읽어온 값)가 b와 같다면

■ digitalWrite(4, LOW); → 4번 핀에 디지털 신호를 주지 않음
(즉, 4번 핀에 연결된 LED 꺼짐)

12 앱 인벤터 실습 1

12-1 앱 인벤터의 이해

앱 인벤터를 시작하기 전에! 다음과 같은 준비가 필요하다.

① **Wi-Fi 무선 인터넷** : 스마트폰 및 데스크탑이 동일한 인터넷망에 연결되어야 하므로 스마트폰 연결을 위한 Wi-Fi 무선 인터넷 준비가 필수이다.

② **Google 계정** : 앱 인벤터 프로그램을 활용하기 위해서는 반드시 구글 계정이 필요하다.

③ **Chrome 브라우저** : 앱 인벤터가 지원하는 브라우저 형식은 Chrome이므로 Chrome 브라우저가 설치되어 있어야 한다.

④ **안드로이드 스마트폰** : 앱 인벤터 서비스는 안드로이드 운영체제를 지원하므로 ios 기반 아이폰은 실습이 불가하다.

⑤ **QR코드 스캐너 앱** : 앱 인벤터 프로그램을 통해 코딩을 하고 스마트폰으로 만들어진 앱을 다운받을 때 QR코드를 사용하므로, 핸드폰에 QR코드 스캐너 앱이 설치되어야 한다. (그림 12-1 참고)

⑥ **(선택) MIT AI2 Companion 앱** : Play 스토어에서 MIT AI2 Companion 앱을 다운받을 경우 앱 인벤터에서 AI Companion으로 연결이 가능하고, QR코드로 앱을 다운받지 않아도 실시간으로 수정되는 앱 화면을 확인할 수 있다.

그림 12-1　QR코드 스캐너 사용 방법

MIT AI2 Companion 앱을 사용하는 방법은 다음과 같다.

앱 인벤터에서 작품을 만들고, 앱 인벤터 화면 상단의 Connect-AI Companion 을 선택하면 QR코드 또는 텍스트 코드가 나온다. 이때 MIT AI2 Companion 앱을 실행하고 화면에서 보이는 코드 또는 QR코드를 스캔하면 앱 인벤터로 만든 화면이 MIT AI2 Companion 앱에서 확인된다.

앱 인벤터란 MIT와 구글이 합작하여 만든 오픈소스의 안드로이드용 앱을 만드 는 개발 도구이다. 앱 인벤터 개발 도구를 활용하면 복잡한 컴퓨터 언어를 알지 못 해도 여러 가지 블록을 조립하면서 앱을 만들 수 있다.

대표적으로 앱 인벤터 프로그램을 통해 사용할 수 있는 기능은 다음과 같다.

문자 보내기, 카메라 사진 불러오기, 카메라 사진 촬영, 음성 인식하기, 문자 음 성으로 읽어주기, 전화 걸기, 웹 사이트 방문하기, 블루투스 연결하기(서버 및 클라 이언트), 이미지 보여주기, 소리 출력하기, 화면 터치 기능 사용하기, 플래시 호출 기능, 이미지 분석 기능, 지도 보여주기, 지도 상에 마커 표시하기, 만보기 기능 사 용하기, 타이머 기능 사용하기, 자이로 센서 사용하기, 영상 보여주기, 번역기 기 능, 바코드 스캐너 등이 있다.

앱 인벤터 시작 방법은 다음과 같다.

① 크롬 브라우저에서 app inventor2 검색 후, Welcome to App Inventor2! 선택

② Create Apps! 선택

③ 자신의 구글 계정으로 로그인

④ 서비스 약관 동의 및 사용설명서 확인

⑤ Start new project 선택 및 프로젝트 이름(app1) 입력

그림 12-2는 앱 인벤터 시작 방법을 나타낸다.

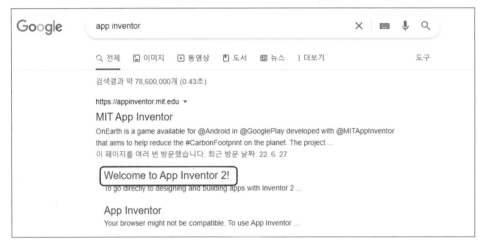

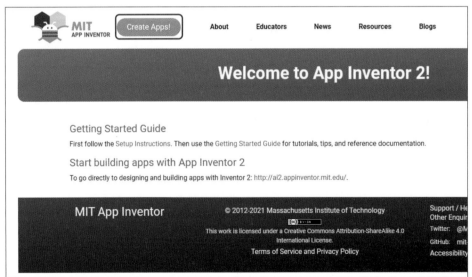

그림 12-2   앱 인벤터 시작 방법

To use App Inventor for Android, you must accept the following terms of service.

Terms of Service

MIT App Inventor Privacy Policy and Terms of Use

MIT Center for Mobile Learning

Welcome to MIT's Center for Mobile Learning's App Inventor website (the "Site"). The Site runs on Google's App Engine service. You must read and agree to these Terms of Service and Privacy Policy (collectively, the "Terms") prior to using any portion of this Site. These Terms are an agreement between you and the Massachusetts Institute of Technology. If you do not understand or do not agree to be bound by these Terms, please immediately exit this Site.

MIT reserves the right to modify these Terms at any time and will publish notice of any such modifications online on this page for a reasonable period of time following such modifications, and by changing the effective date of these Terms. By continuing to access the Site after notice of such changes have been posted, you signify your agreement to be bound by them. Be sure to return to this page periodically to ensure familiarity with the most current version of these Terms.

Description of MIT App Inventor

From this Site you can access MIT App Inventor, which lets you develop applications for Android devices using a web browser and either a connected phone or emulator. You can also use the Site to store your work and keep track of your projects. App Inventor was originally developed by Google. The Site also includes documentation and educational content, and this is being licensed to you under the Creative Commons Attribution 4.0 International license (CC BY 4.0).

Account Required for Use of MIT App Inventor

In order to log in to MIT App Inventor, you need to use a Google account. Your use of that account is subject to Google's Terms of Service for

I accept the terms of service!

그림 12-2 앱 인벤터 시작 방법(계속)

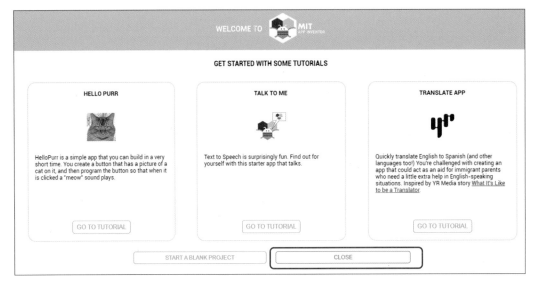

그림 12-2 앱 인벤터 시작 방법(계속)

그림 12-2   앱 인벤터 시작 방법(계속)

앱 인벤터는 디자이너 화면과 블록 화면으로 나뉜다.

디자이너 화면에서는 앱에 넣을 기능을 추가할 수 있고, 블록 화면에서는 추가된 기능에 대한 블록 코딩이 가능하다. 디자이너 및 블록 화면 전환은 우측 상단에 Designer와 Blocks 버튼을 누르면 된다.

그림 12-3은 디자이너 화면에 대한 설명을 나타낸다.

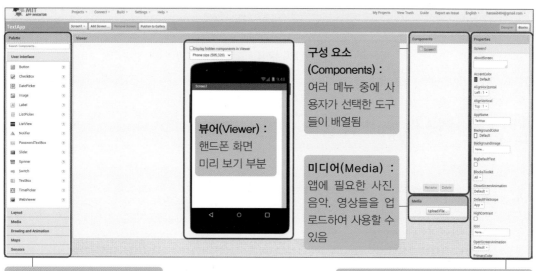

그림 12-3   디자이너 화면 설명

그림 12-4는 블록 화면에 대한 설명을 나타낸다.

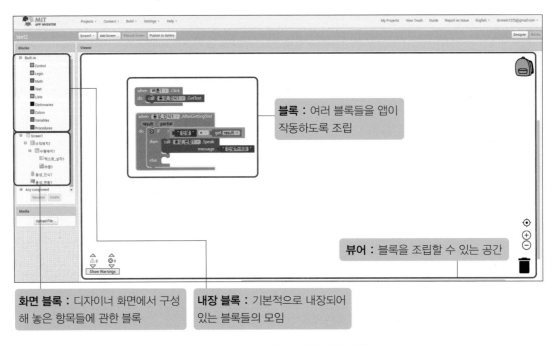

그림 12-4   블록 화면 설명

12-2   텍스트 출력 앱 만들기

실습 1   Hi Appinventor!를 출력해주는 앱 만들기

Designer 화면

① 팔레트의 Label을 앱 화면상으로 drag and drop 한다.

② Properties 부분의 Text를 Hi Appinventor!로 변경한다.

③ FontSize를 20으로 변경한다.

④ TextColor를 본인이 원하는 색상으로 변경한다.

⑤ 좌측 상단의 Build를 클릭한다.

⑥ App(provided QR code for .apk) 클릭. 이는 앱을 QR코드로 제공하여 apk 형식의 파일로 만들겠다는 의미이다.

⑦ QR코드가 생성되면 스마트폰의 QR코드 스캐너로 스캔 후 앱 다운로드한다.

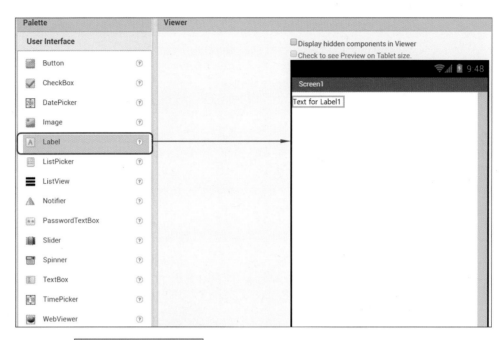

그림 12-5 [실습 1] 디자이너 화면 및 앱 다운(Build) 방법

저자의 경우 네이버 앱의 검색어 입력에서 QR코드 스캔 기능을 사용했다. 앱을 다운 받고자 하는 스마트폰이 Wi-Fi에 연결되어 있어야 한다.

그림 12-6은 앱 다운 과정을 나타낸다.

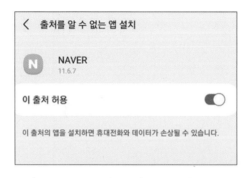

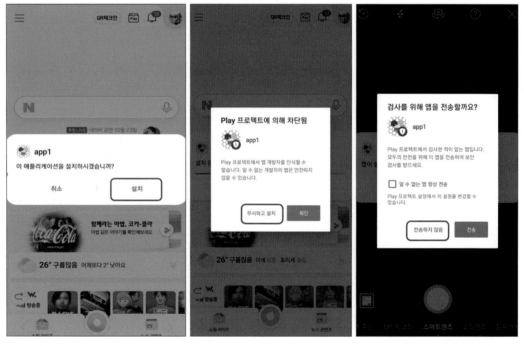

그림 12-6　앱 다운 과정

그림 12-7은 스마트폰에 설치된 앱의 실행 모습을 나타낸다.

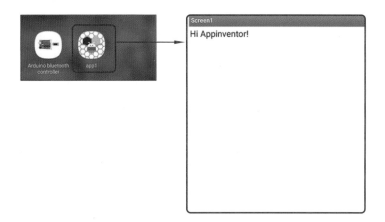

그림 12-7   스마트폰에 설치된 [실습 1] 앱의 실행 모습

12-3   텍스트 음성 출력 앱 만들기

실습 2   버튼을 누른 경우 입력된 텍스트를 음성으로 읽어주는 앱 만들기

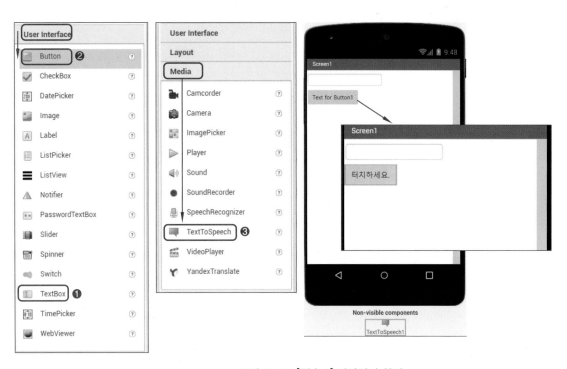

그림 12-8   [실습 2] 디자이너 화면

Designer 화면

① App 이름은 app2로 하여 새 프로젝트를 생성한다.

② User Interface의 TextBox, Button 기능을 가져온다.

③ Media의 TextToSpeech 기능을 가져온다.

④ Button의 Text를 "터치하세요."로 변경한다.

그림 12-9는 [실습 2]의 블록 화면을 나타낸다. 블록 코딩은 우측 상단의 Blocks 버튼을 누른 뒤, 블록 조립 화면에서 코딩하도록 한다.

다양한 블록은 블록 화면 좌측의 화면 블록에서 선택할 수 있고, 블록의 색상 또는 블록 위의 **Button1**과 같은 명칭으로 해당 블록의 위치를 알 수 있다. 만약 실습 예제의 블록 코드 중 블록 위에 **Button1**과 같은 명칭이 없다면 내장 블록(Built-in)에서 해당 블록을 찾아보도록 한다. (그림 12-4 참고)

Blocks 화면

① Button1 선택 후 해당 블록을 Drag & Drop으로 가져온다.

② TextToSpeech1 선택 후 해당 블록을 가져온다.

③ TextBox1 선택 후 해당 블록을 가져온 뒤 그림 12-8과 같이 조립한다.

그림 12-9 [실습 2]의 블록 화면

<코드 해석>

■ when Button1.Click do → Button1이 클릭되면 아래와 같은 작업 실행

■ call TextToSpeech1.Speak message → TextToSpeech1을 호출하고, 다음의 메시지를 읽음

■ TextBox1.Text → TextBox1의 텍스트

블록 코딩이 완료된 후, **그림 12-5**와 같이 빌드(Build)하여 QR코드를 생성하고, 앱을 다운 받는다. **그림 12-10**은 스마트폰에 설치된 [실습 2] 앱의 실행 모습이다.

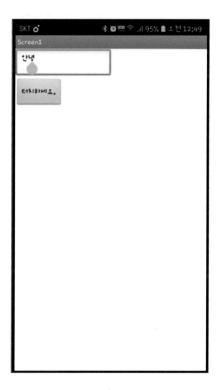

그림 12-10   스마트폰에 설치된 [실습 2] 앱의 실행 모습

AI 프로그래밍(코딩)

13

앱 인벤터 실습 2

13-1 손전등 앱 만들기

실습 1 버튼으로 손전등을 켜고 끌 수 있는 앱 만들기

플래시 기능을 사용하는 [실습 1]을 진행하기 위해서는 앱 인벤터 확장 기능 (extension)을 사용해야 한다. 이 기능을 사용하기 위해서는 추가적으로 플래시 기능이 있는 라이브러리를 설치해야 한다. 아래의 사이트에서 가장 아래쪽에 위치한 라이브러리를 다운받도록 한다.

https://puravidaapps.com/flashlight.php

또한, 각자 웹 브라우저에서 led on과 off에 대한 이미지를 자유롭게 다운받아서 on.png와 off.png 이름으로 저장해 둔다.

그림 13-1은 플래시 라이브러리 설치 화면을 나타낸다.

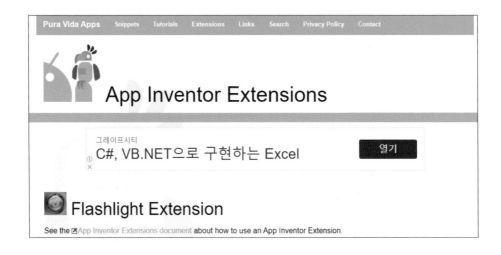

그림 13-1   플래시 라이브러리 설치 화면

Designer 화면

① App 이름은 app3으로 하여 새 프로젝트를 생성한다.

② Palette 하단의 Extension을 선택한 후 Import extension을 선택한다.

③ 다운 받은 com.puravidaapps.TaifunFlashlight.aix 라이브러리를 추가한다.

④ User Interface에서 Label, Button1, Button2를 추가한다.

⑤ Extension에서 TaifunFlashlight를 추가한다.

⑥ Properties에서 Label의 FontSize를 20으로 변경하고, Width를 Fill Parent로 변경한다.

⑦ Properties에서Label의 Text를 "손전등 앱"으로 변경하고, TextAlignment를 Center:1(가운데 정렬) 선택한다.

⑧ Components에서 Button1-Rename을 선택한 후 Button1의 이름을 ON으로 설정하고, Button2의 이름을 OFF로 설정한다.

⑨ Properties에서 Button1과 Button2의 Image를 각각 조금 전 다운 받은 on.png, off.png로 업로드하고, Height는 각각 150pixels, Width는 Fill Parent로 설정한다.

⑩ Properties에서 Button1과 Button2의 Text는 모두 지워준다.

그림 13-2는 [실습 1]의 디자이너 화면을 나타낸다.

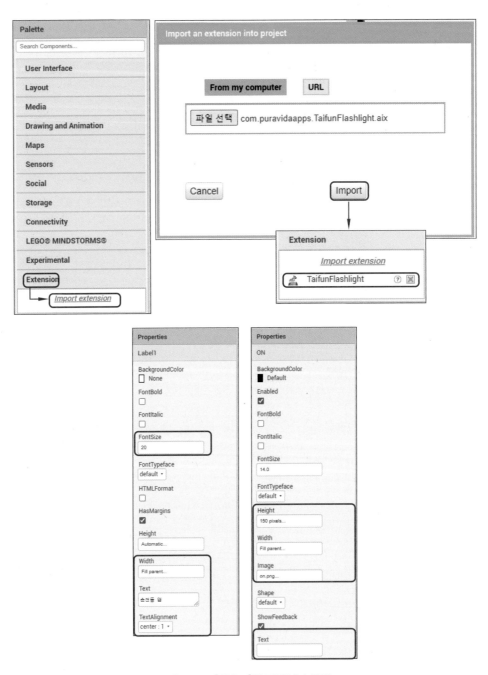

그림 13-2 [실습 1]의 디자이너 화면

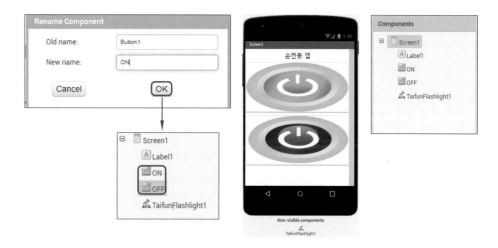

그림 13-2　[실습 1]의 디자이너 화면(계속)

우측 상단에서 Blocks 버튼을 누르고 Blocks 화면에서 다음과 같이 작업한다.

Blocks 화면

① ON 버튼 선택 후 해당 블록을 가져온다.

② OFF 버튼 선택 후 해당 블록을 가져온다.

③ TaifunFlashlight1 선택 후 해당 블록을 가져온 뒤, 그림 13-3과 같이 조립한다.

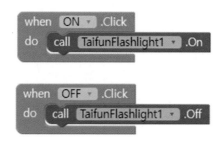

그림 13-3　[실습 1]의 블록 화면

<코드 해석>

- when ON .Click → ON 버튼을 클릭했을 때
- call TaifunFlashlight1 .On → TaifunFlashlight1을 호출해서 켜줌
- when OFF .Click → OFF 버튼을 클릭했을 때
- call TaifunFlashlight1 .Off → TaifunFlashlight1을 호출해서 꺼줌

블록 코딩 후, 빌드하고 앱을 다운받으면 **그림 13-4**와 같이 [실습 1] 앱의 실행 화면을 확인할 수 있고, 해당 버튼을 누를 때마다 플래시가 켜지고 꺼지는 것을 확인할 수 있다.

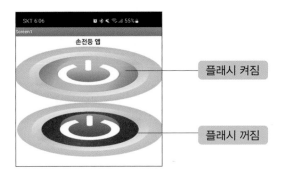

그림 13-4 [실습 1] 앱의 실행 화면

13-2 위치 전송 및 연락 앱

실습 2 버튼을 누르면 나의 위치를 전송해주는 SOS 앱 만들기

[실습 2]에서 만드는 앱은 **나의 위치** 버튼을 누르면 자신의 현재 위치 정보와 지도가 출력되고, **문자 전송**을 누르면 나의 위치 정보를 특정인에게 문자로 보낼 수 있는 기능의 앱이다.

Designer 화면

① App 이름은 SOSapp으로 하여 새 프로젝트를 생성한다.
② Palette의 User Interface에서 Label1을 추가하고, Label1의 Components에서 이름을 "주소정보"로 Rename한다.
③ Label1의 Properties에서 FontSize를 30으로 수정한다.
④ Palette의 Layout에서 HorizontalArrangement1을 추가한다.
⑤ HorizontalArrangement1의 Properties에서 AlignHorizontal과 AlignVertical을 각각 Center:3과 Top:1로 설정한다.
⑥ HorizontalArrangement1 안에 Button1과 Button2를 추가한다.

⑦ Button1, Button2의 Components에서 이름을 각각 "위치전송"과 "현재위치"로 Rename한다.

⑧ Button1의 Properties에서 FontSize는 30, FontBold 체크, Height는 100pixels, Width는 Automatic, Text는 위치 전송, TextColor는 Red로 설정한다.

⑨ Button2의 Properties에서 FontSize는 30, Height는 100pixels, Width는 Automatic, Text는 나의 위치로 한다.

⑩ Palette의 Map에서 Map1 추가, Sensors에서 LocationSensor1 추가, Social에서 Texting1을 추가한다.

⑪ LocationSensor의 Properties에서 TimeInterval을 0으로 변경한다(위치 정보를 가져오는 주기를 설정하는 것으로 기본 설정인 60000은 6분을 의미함).

⑫ Map1의 Properties에서 CenterFromString을 서울의 위도와 경도인 37.566536, 126.977966로 입력한다.

⑬ Components의 Screen1을 선택한 후, Properties에서 AlignHorizontal과 AlignVertical을 각각 Center:3과 Center:2로 설정한다.

위와 같이 디자인 작업을 모두 마쳤다면 디자이너 화면이 **그림 13-5**와 같이 된다.

그림 13-5 [실습 2] 의 디자이너 화면

Blocks 화면

① 위치전송 버튼을 선택한 후 해당 블록을 가져온다.

② Texting1을 선택한 후 해당 블록을 가져온다(Message, PhoneNumber, Send MessageDirect).

③ LocationSensor1에서 해당 블록을 가져온다.

④ 내장 블록(Built-in) Text에서 해당 블록을 가져오고, 그림 13-3의 상단 블록과 같이 조립한다("도와주세요. 제 위치 정보입니다."와 "01012345678(본인이 연락하고자 하는 대상의 전화번호 입력)" 텍스트는 블록을 가져온 뒤 직접 입력).

⑤ 현재위치 버튼을 선택한 후 해당 블록을 가져온다.

⑥ 주소정보를 선택한 후 해당 블록을 가져온다.

⑦ Map1을 선택한 후 해당 블록을 가져온다.

⑧ LocationSensor1을 선택한 후 해당 블록을 가져온다.

⑨ 내장 블록(Built-in) Text에서 해당 블록을 가져온다(join 블록은 파란색 설정 버튼을 누른 뒤 원하는 만큼 텍스트의 개수를 조절할 수 있다. ₩n은 개행을 의미함).

⑩ 내장 블록(Built-in) Math에서 해당 블록을 가져온 뒤 그림 13-6의 하단 블록과 같이 조립한다. Math 블록의 15는 사용자가 직접 입력한다.

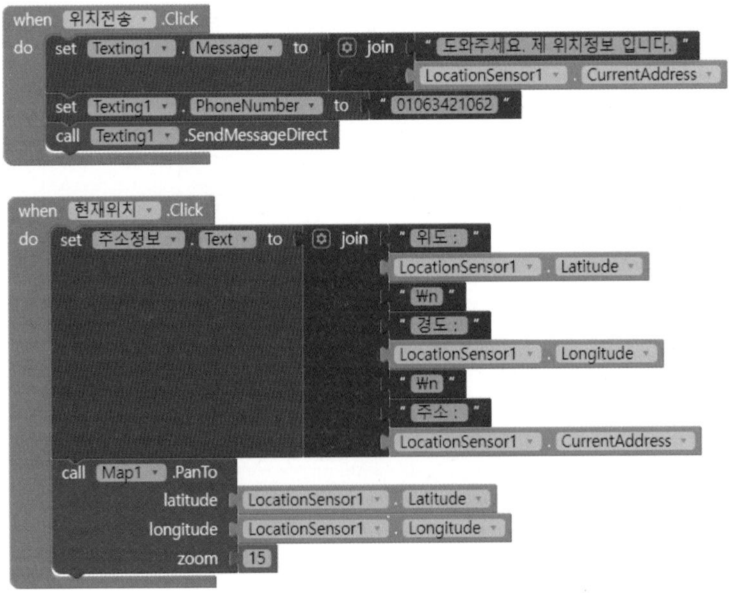

그림 13-6 [실습 2]의 블록 화면

<코드 해석>

- when 위치전송 .Click do → 위치전송 버튼을 클릭했을 때
- set Texting1 .Message to → Texting1의 메시지를 다음과 같이 설정
- Built-in - Text-join 블록 → 연결된 블록 합치기

  (설정 버튼을 눌러서 합칠 내용의 개수를 추가할 수 있음)

- set Texting1 .PhoneNumber to → Texting1의 전화번호를 다음과 같이 설정
- 텍스트 입력 블록 → 텍스트 입력 블록 안에 사용자가 원하는 전화번호 입력
- call Texting1 .SendMessageDirect → Texting1의 내용을 바로 문자로 전송

- when 현재위치 .Click do → 현재위치 버튼을 클릭했을 때
- set 주소정보 .Text to → 주소정보의 텍스트를 다음과 같이 설정
- LocationSensor1 .Latitude → LocationSensor1의 위도
- LocationSensor1 .Longitude → LocationSensor1의 경도
- LocationSensor1 .CurrentAddress → LocationSensor1의 현재주소
- Call Map1 .PanTo → Map1을 호출해서 지도의 위도 경도 확대 정도를 15와 같이

  보이기

코드 작성 후, 빌드하고 앱을 다운받으면 **그림 13-7**과 같은 앱 화면이 확인된다.

나의 위치 버튼을 누르면 현재 나의 위치 정보가 라벨에 표시되며 지도로 확인된다. **위치 전송** 버튼을 누르면 자신의 위치 정보가 입력된 연락처의 대상자에게 보내진다.

단, 이 앱을 사용하기 위해서는 위치 정보가 활성화되어 있어야 한다.

만약 나의 위치 정보가 정상적으로 확인되지 않는 경우 앱을 종료하고 위치 정보를 비활성화한 다음, 다시 활성화시킨 후에 결과를 확인해 본다.

그림 13-7 [실습 2]의 앱 실행 화면

14

앱 인벤터 실습 3

14-1 한-영 번역기 앱

실습 1 입력된 한국어를 영어로 번역해주는 번역기 앱 만들기

[실습 1]에서 만드는 앱은 입력된 한국어를 **번역하기** 버튼을 누르면 영어로 번역하여 화면에 표시되고, **읽어주기** 버튼을 누르면 번역된 내용을 음성으로 읽어주는 앱이다.

Yandex(앱 인벤터 번역 기능)에서 사용 가능한 외국어는 총 약 90개국 언어로 각국 언어별 코드를 블록 코딩에서 사용하여 해당 언어의 번역 기능을 사용할 수 있다.

대표적인 언어 코드는 한국어 ko, 영어 en, 중국어 zh, 일본어 ja이다. 다양한 언어 코드를 확인하고 싶은 경우 아래의 사이트를 참고하도록 한다.

https://yandex.com/dev/translate/doc/dg/concepts/api-overview.html

Designer 화면

① Translator 이름으로 새 프로젝트를 만든다.

② User Interface의 Textbox 1개, Button 2개, Label 1개를 각각 추가한다.

③ Textbox의 Properties(속성)에서 Width를 Fill Parent로 설정한다.

④ Button1의 Properties(속성)에서 Text를 "번역하기"로 변경하고, Button2의 Properties(속성)에서 Text를 "읽어주기"로 변경한다.

⑤ Label1의 Properties(속성)에서 BackgroundColor를 Pink로 설정한다. FontSize는 20, Height는 50percent, Width는 Fill parent로 설정하고, Text는 지워준다.

⑥ Media의 TextToSpeech와 Translator를 각각 하나씩 추가한다.

그림 14-1은 [실습 1]의 디자이너 화면을 나타낸다.

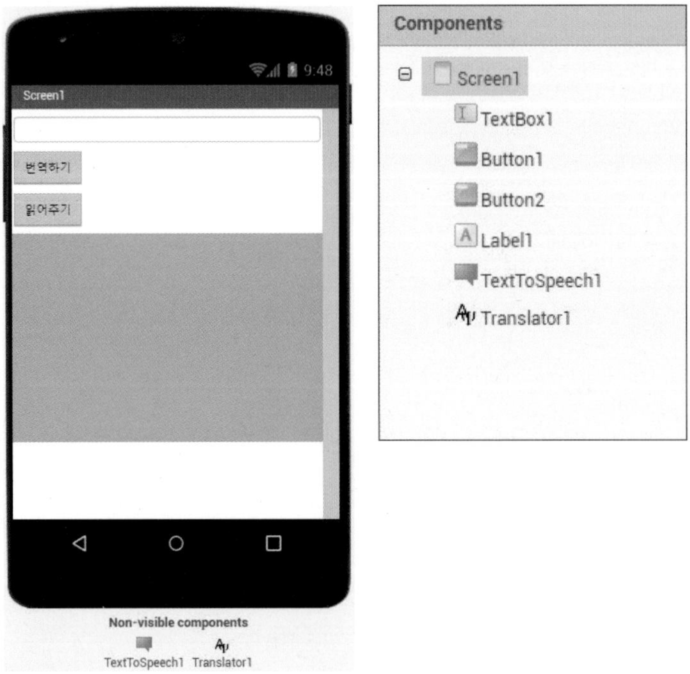

그림 14-1   [실습 1]의 디자이너 화면

Blocks 화면

① Button1을 클릭한 후 해당 블록을 가져온다.

② Translator를 선택한 후 해당 블록을 가져온다.

③ 내장 블록(Built-in) Text에서 텍스트 입력 블록을 가져온 뒤 en으로 입력한다.

④ TextBox를 선택한 후 해당 블록을 가져온다.

⑤ Translator를 선택한 후 해당 블록을 가져온다.

⑥ Label을 선택한 후 해당 블록을 가져온다.

⑦ Translation 부분을 선택한 후 get translation 블록을 가져온 뒤 그림 14-2와 같이 조립한다.

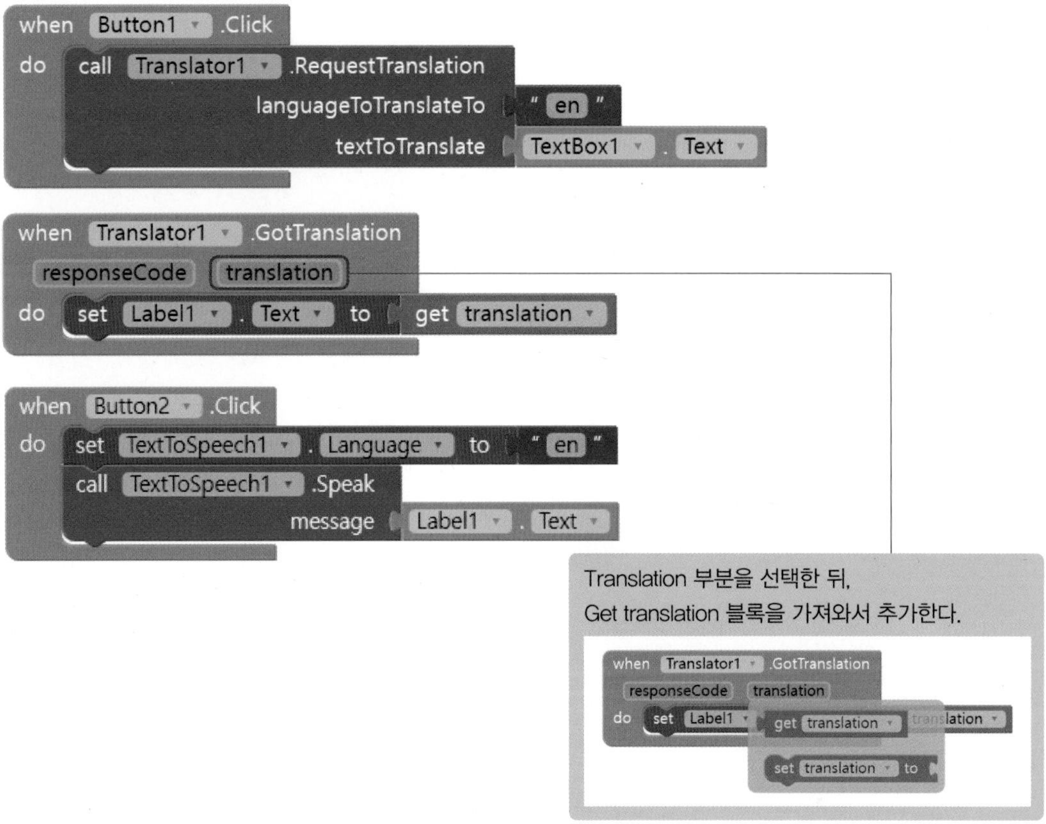

그림 14-2　[실습 1]의 블록 화면

<코드 해석>

- when Button1 .Click do ∼ → Button1을 클릭했을 때, Translator1 기능을 호출하여 번역할 언어는 en(영어)로, 번역할 내용은 TextBox1의 텍스트로 설정
- when Translator1 .GotTranslation ∼ → Translator1에서 번역 결과를 받았을 때, Label1의 텍스트를 번역 결과로 설정
- when Button2 .Click do ∼ → Button2를 클릭했을 때, TextToSpeech1의 언어는 en(영어)로 설정하고, TextToSpeech1의 읽어주기 기능을 가져와서 Label1의 텍스트를 읽어주기

그림 14-3은 [실습 1]의 앱 실행 화면을 나타낸다.

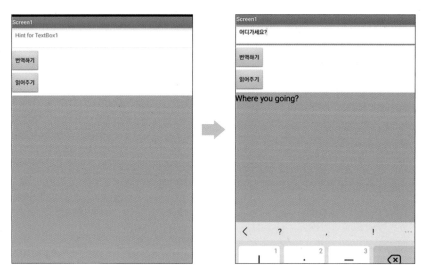

그림 14-3   [실습 1]의 앱 실행 화면

만약 외국어로 음성이 출력되지 않는다면 그림 14-4를 참고하여 음성 서비스 설정을 해준다.

그림 14-4   음성 서비스 설정 방법

14-2 블루투스 통신 채팅 앱

실습 2 블루투스 통신으로 연결된 두 개의 스마트폰을 사용하여 채팅이 가능한 앱 만들기

[실습 2]를 진행하기 위해서는 서버(Server)와 클라이언트(Client)의 개념을 이해해야 한다.

- **서버(Server) :** 클라이언트의 요청에 응답하여 요청 업무를 수행해주는 컴퓨터로 항상 켜져 있어야 한다.
- **클라이언트(Client) :** 서버에 특정 서비스를 요청하는 컴퓨터이다.

이 실습을 위해서는 서버용 스마트폰과 클라이언트용 스마트폰 두 개가 필요하고, 실습 전 두 스마트폰은 **그림 14-5**와 같이 서로 블루투스 목록에 등록되어 있어야 한다.

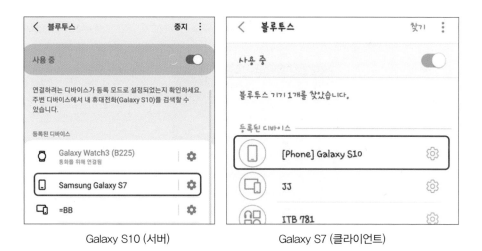

Galaxy S10 (서버)   Galaxy S7 (클라이언트)

그림 14-5   블루투스 목록에 등록된 서버용 스마트폰과 클라이언트용 스마트폰

Designer 화면 **– 서버**

① Messenger 이름으로 새 프로젝트를 만든다.

② User Interface – Label1을 추가하고, Properties에서 Text를 "블루투스 연결"로 설정한다. Width를 Fill parent로, TextAlignment를 Center:1로 설정한다.

③ Layout-HorizontalArrangement1을 추가하고, Properties에서 AlignHorizontal을 Center:3으로, Width를 Fill parent로 설정한다.

④ HorizontalArrangement1 안에 Button 2개를 추가한다.

⑤ Button1을 "서버"로 Rename하고, Properties에서 Text를 "서버 중지"로, Textcolor를 red로 설정한다.

⑥ Button2를 "클라이언트"로 Rename하고, Properties에서 Text를 "클라이언트"로 설정한다.

⑦ Layout-HorizontalArrangement 1개를 더 추가하고, Properties에서 Width를 Fill parent로 설정한다.

⑧ HorizontalArrangement 2 안에 Textbox 1개와 Button 1개를 추가한다.

⑨ Textbox1의 Properties에서 Width와 Height를 Fill parent로 설정하고, Button 3의 이름을 "전송"으로 Rename한다. Properties에서 Text를 "전송"으로 설정한다.

⑩ HorizontalArrangement 2 아래에 Label 1개를 추가하고, Label 2의 Properties에서 BackgroundColor를 Orange로, Height와 Width를 각각 Fill parent로 설정하고 Text를 지운다.

⑪ Connectivity에서 BlutoothServer1을 추가하고, Sensors에서 Clock1을 추가한다.

그림 14-6　[실습 2]의 디자인 화면 – 서버

서버 화면의 디자인 작업을 마친 후, 좌측 상단에 **Add Screen** 버튼을 클릭한 후 스크린을 추가한다. 이렇게 추가한 스크린이 클라이언트 화면이 되는 것이다.

그림 14-7 [실습 2]의 디자인 화면 – 클라이언트

Designer 화면 – 클라이언트

① User Interface – Label1을 추가하고, Properties에서 Text를 "블루투스 연결"로 설정한다. Width를 Fill parent로, TextAlignment를 Center：1로 설정한다.

② Layout – HorizontalArrangement1을 추가하고, Properties에서 AlignHorizontal을 Center：3으로, Width를 Fill parent로 설정한다.

③ HorizontalArrangement1 안에 ListPicker1, Button1을 추가한다.

④ ListPicker1을 "블루투스목록"으로 Rename하고, Properties에서 Text를 "블루투스목록"으로, TextAlignment를 center로, Width를 Fill parent로 설정한다.

⑤ Button1을 "서버"로 Rename하고, Properties에서 Text를 "서버"로 설정한다.

⑥ Layout – Hori zontalArrangement 1개를 더 추가하고, 속성에서 Width를 Fill parent로 설정한다.

⑦ HorizontalArrangement2 안에 Textbox 1개와 Button 1개를 추가한다.

⑧ Textbox1의 Properties에서 Width와 Height를 Fill parent로 설정하고, Button2의 이름을 "전송"으로 Rename한다. Properties에서 Text를 "전송"으로 설정한다.

⑨ HorizontalArrangement2 아래에 Label 1개를 추가하고, Label2의 Properties에서 BackgroundColor를 Pink로, Height와 Width를 각각 Fill parent로 설정하고 Text를 지운다.

⑩ Connectivity에서 BlutoothClient1을 추가하고, Sensors에서 Clock1을 추가한다.

블록 화면으로 가서 좌측 상단 블록에서 Screen2를 Screen1로 선택한 후 블록 코딩한다.

Blocks 화면

① Screen1을 선택한 후 해당 블록을 가져온다.

② Built-in의 Variables에서 set 블록을 가져온다.

③ Built-in의 Text에서 텍스트 입력 블록을 가져온 뒤 515를 입력한다.

④ BluetoothServer1을 선택한 후 해당 블록을 가져온다.

⑤ "클라이언트"를 선택한 후 해당 블록을 가져온다.

⑥ Built-in의 Control에서 해당 블록을 가져온다.

⑦ "서버"를 선택한 후 해당 블록을 가져온다.

⑧ Built-in의 Control에서 if then else 블록을 가져온다.

⑨ Built-in의 Logic에서 비교 블록을 가져온다.

⑩ Built-in의 Color에서 색깔 블록을 가져온다.

⑪ BluetoothServer1에서 해당 블록을 가져온다.

⑫ Clock1에서 해당 블록을 가져온다.

⑬ Built-in의 Control에서 if then else 블록과 if then 블록을 가져온다.

⑭ BluetoothServer1에서 해당 블록을 가져온다.

⑮ Label1에서 해당 블록을 가져온다.

⑯ Built-in의 Logic에서 and 블록을 가져온다.

⑰ Built-in의 Math에서 수치 비교 블록을 가져온다.

⑱ BluetoothServer1에서 해당 블록을 가져온다.

⑲ Label2에서 해당 블록을 가져온다.

⑳ "전송"을 선택한 후 해당 블록을 가져온다.

㉑ Label2를 선택한 후 해당 블록을 가져온다.

㉒ Built-in의 Text에서 텍스트 입력 블록을 가져온다.

㉓ TextBox1을 선택한 후 해당 블록을 가져온다.

㉔ BluetoothServer1을 선택한 후 해당 블록을 가져온 뒤, 그림 14-8과 같이 조립한다.

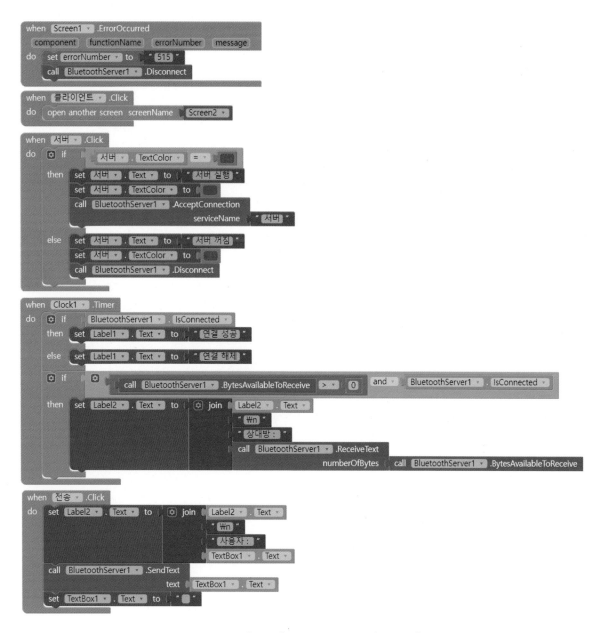

그림 14-8   [실습 2]의 블록 화면 - 서버(Screen1)

<코드 해석>

■ when Screen1 .ErrorOccurred ~ → Screen1 화면에서 처음 앱을 켰을 때, 블루투스가 연결되어 있지 않은 경우 515 에러가 발생되기 때문에 블루투스 연결을 강제로 해지시킨다.

■ when 클라이언트 .Click ~ → "클라이언트" 버튼을 클릭했을 때, Screen2로 화면이 전환된다.

■ when 서버 .Click ~ → "서버" 버튼을 클릭했을 때, 서버 버튼의 텍스트 색상이 빨간색(기본 화면 색상이 빨간색이므로)이라면 텍스트를 "서버 켜짐"으로 바꾸고, 텍스트 색상을 파란색으로 변경. 그리고 "서버" 이름으로 블루투스 서버의 접속을 승인. 아니라면(서버 버튼의 텍스트 색상이 빨간색이 아니라면, 즉 파란색인 경우) 텍스트를 "서버 꺼짐"으로 설정 후 색상을 빨간색으로 변경한다.

■ when Clock1 .Timer ~ → Clock 기능을 사용하여 실시간으로 상대방이 보낸 메시지 내용을 업데이트한다. 블루투스 서버가 연결되었다면 label 텍스트가 "연결 성공"으로, 아니라면 "연결 해제"로 설정된다. 블루투스 서버가 연결되었고, 값이 전달되었다면 label2의 텍스트를 기존 텍스트에 1줄 개행하고, "상대방 : "이라는 텍스트 뒤에 블루투스 서버가 받을 수 있는 만큼의 텍스트를 출력한다.

■ when 전송 .Click ~ → "전송" 버튼을 클릭했을 때, label2의 텍스트 값을 기존의 label2의 텍스트에 한 줄 띄우고(개행 문자 ₩n) "사용자 :"라는 텍스트를 입력한 뒤, 그 뒤에 대화 입력창(textbox)에 입력한 텍스트를 입력한다. 블루투스 서버 기능을 호출하여 대화 입력창에 입력한 텍스트를 클라이언트에게 보낸다. 그런 뒤에 대화 입력창에 모든 대화 내용은 공란으로 비운다(전송 버튼을 눌렀으므로).

좌측 화면 블록에서 Screen2로 변경한 후 클라이언트 화면을 블록 코딩한다.

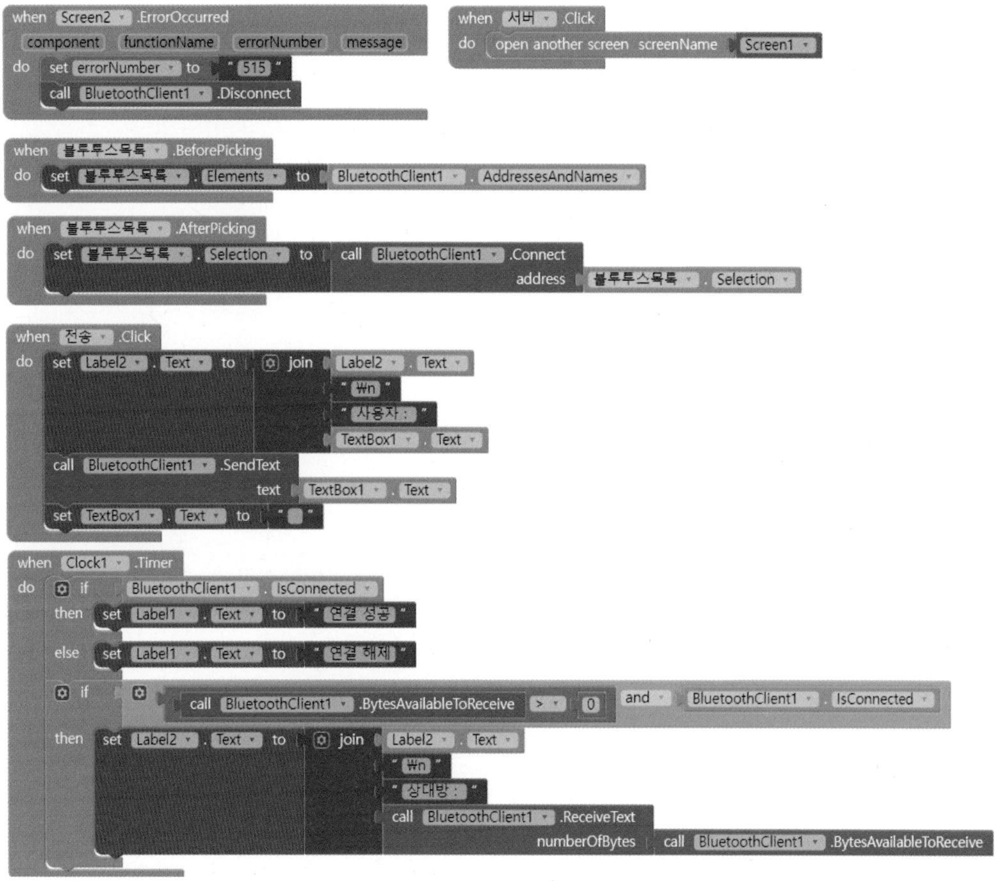

그림 14-9 [실습 2]의 블록 화면 – 클라이언트(Screen2)

<코드 해석>

- when 블루투스 목록 .BeforePicking ~ → "블루투스 목록"이 선택되기 전, 블루투스 클라이언트의 주소와 이름을 ListPicker 목록에서 보여주기

- when 블루투스 목록 .AfterPicking ~ → "블루투스 목록"에서 선택된 후, 선택된 항목으로 블루투스 연결 주소를 설정

- when 전송 .Click ~ → "전송" 버튼을 클릭했을 때, label2의 텍스트 값을 기존의 label2의 텍스트에 한 줄 띄우고(개행 문자 ₩n), "사용자 :"라는 텍스트를 입력한 뒤, 그 뒤에 대화 입력창(textbox)에 입력한 텍스트를 입력. 블루투스 클라이언트 기능을 호출하여 대화 입력창에 입력한 텍스트를 서버에 보냄. 그런 뒤 대화 입력창에 모든 대화 내용은 공란으로 비움(전송 버튼을 눌렀으므로)

■ when Clock1 .Timer ∼ → Clock 기능을 사용하여 실시간으로 상대방이 보낸 메시지 내용을 업데이트 함. 블루투스 클라이언트가 연결되었다면 label 텍스트가 "연결 성공", 아니라면 "연결 해제"로 설정됨. 블루투스 클라이언트가 연결되었고, 값이 전달되었다면 label2의 텍스트를 기존 텍스트에 1줄 개행하고, "상대방:"이라는 텍스트 뒤에 블루투스 클라이언트가 받을 수 있는 만큼의 텍스트를 출력

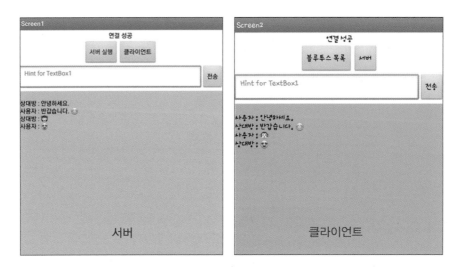

그림 14-10   연결된 서버와 클라이언트 스마트폰 간의 채팅 내용

채팅 앱 실행 방법은 다음과 같다.

① 2개의 스마트폰(안드로이드)에 각각 앱을 다운 받는다.
② 한 핸드폰은 **서버** 화면을 다른 핸드폰은 **클라이언트** 화면으로 설정한다.
③ 서버 화면에서 **서버 꺼짐**으로 되어 있는 버튼을 눌러 서버를 활성화시킨다(**서버 꺼짐** 버튼을 누르면 텍스트가 **서버 켜짐**으로 바뀌고 텍스트 색상이 파란색으로 변한다).
④ 클라이언트 화면에서 **블루투스 목록**을 선택하고, 서버 핸드폰과 블루투스 연결을 한다.
⑤ 연결이 되었을 경우 서버와 클라이언트 화면 중앙에 모두 **연결됨**이라고 텍스트가 출력된다.
⑥ 서버 화면과 클라이언트 화면에서 텍스트 박스에 대화 내용을 입력한 후 **전송** 버튼을 눌러본다.
⑦ 서버와 클라이언트가 서로 통신하며 대화 내용을 주고받게 된다.

15

AI 프로그래밍 실습 1

15-1 블루투스 통신 음성인식 LED 제어 앱 만들기

실습 1 블루투스 통신 음성인식 LED 제어 앱 만들기

[실습 1]에서 만드는 앱은 아두이노에 연결된 블루투스 센서와 스마트폰을 연결하고, 만들어진 앱에서 음성과 버튼 조작으로 아두이노에 연결된 LED를 켜고 끌 수 있는 앱이다.

블루투스 센서의 RXD, TXD, GND, VCC 핀은 각각 아두이노의 디지털 2번 핀, 디지털 3번 핀, GND, 5V에 연결한다.

LED의 (−)극은 아두이노의 GND에 연결하고, (+)극은 330Ω 저항을 연결한 뒤, 아두이노 디지털 4번 핀에 연결한다.

그림 15-1은 [실습 1]의 회로도와 코드를 나타낸다.

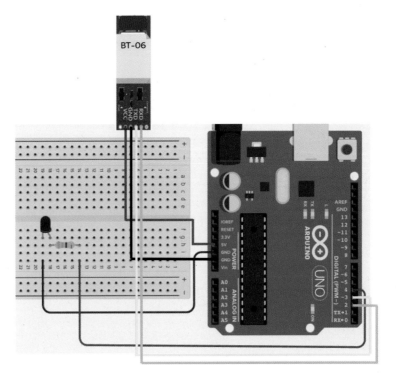

```
#include <SoftwareSerial.h>
SoftwareSerial BTSerial (3,2);

void setup()
{
  Serial.begin(9600);
  BTSerial.begin(9600);
  pinMode(4, OUTPUT);
}

void loop()
{
  if(BTSerial.available())
  {
    int data=(int)BTSerial.read();
    if(data==1)
      digitalWrite(4, HIGH);
    else if(data==2)
      digitalWrite(4, LOW);
  }
}
```

그림 15-1   [실습 1]의 회로도와 코드

<코드 해석>

- #include 〈SoftwareSerial.h〉 → SoftwareSerial 라이브러리 추가
- SoftwareSerial BTSerial(3,2); → 소프트웨어 시리얼의 변수를 BTSerial로 지정하고 3번과 2번 핀을 각각 통신 송신부와 수신부로 지정

- Serial.begin(9600); → 시리얼 통신을 9600pbs로 시작
- BTSerial.begin(9600); → 블루투스 시리얼 통신을 9600pbs로 시작
- pinMode(4, OUTPUT); → 4번 핀을 출력 모드로 사용

- if(BTSerial.available( )) → 만약 블루투스 통신으로 값이 입력되었다면
- int data=(int)BTSerial.read( ); → 블루투스 통신으로 읽어온 값을 정수 형태로 변환하여 정수형 변수 data에 넣음
- if(data==1) → data가 1과 같다면
- digitalWrite(4, HIGH); → 4번 핀에 디지털 신호를 줌

    (if문 아래 코드가 한 줄일 때는 중괄호{ } 생략 가능)
- else if(data==2) → data가 2와 같다면
- digitalWrite(4, LOW); → 4번 핀에 디지털 신호를 주지 않음

회로 및 코드 작업 후 업로드까지 완료한 뒤, 앱 인벤터 사이트에서 앱을 만든다.

Designer 화면

① App Inventor 2에서 "LightControl"이라는 이름으로 새로운 프로젝트를 생성한다.
② Projects → Start new project → Project name : LightControl
③ User Interface – Label – Properties – Text를 "연결안됨"으로 변경
④ User Interface – ListPicker를 추가한 후 Properties(속성) – Width 50퍼센트 – Text는 Bluetooth로 변경한다.
⑤ User Interface – Button을 3개 추가한 후 Properties에서 각각의 Text를 Voice, ON, OFF 로 변경한다.
⑥ Components에서 Button 1, 2, 3의 이름 역시 각각 Voice, ON, OFF로 Rename한다.
⑦ Connectivity–BluetoothClient를 추가한다.
⑧ Media–SpeechRecognizer를 추가한다.
⑨ Sensors–Clock을 추가한다.
⑩ Screen1–Properties–AlignHorizontal을 Center 3으로 설정한다.

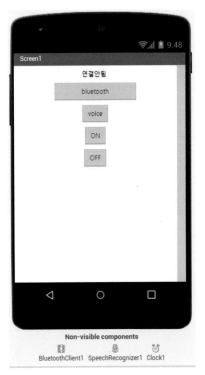

그림 15-2　[실습 1]의 디자이너 화면

Blocks 화면

① ListPicker1에서 해당 블록을 가져온다.

② Clock1에서 해당 블록을 가져온다.

③ BlutoothClient1에서 해당 블록을 가져온다.

④ Label1에서 해당 블록을 가져온다.

⑤ 내장 블록(Built-in)의 Control, Variables, Text, Logic, Math에서 해당 블록을 가져
온 뒤, 그림 15-3과 같이 연결한다.

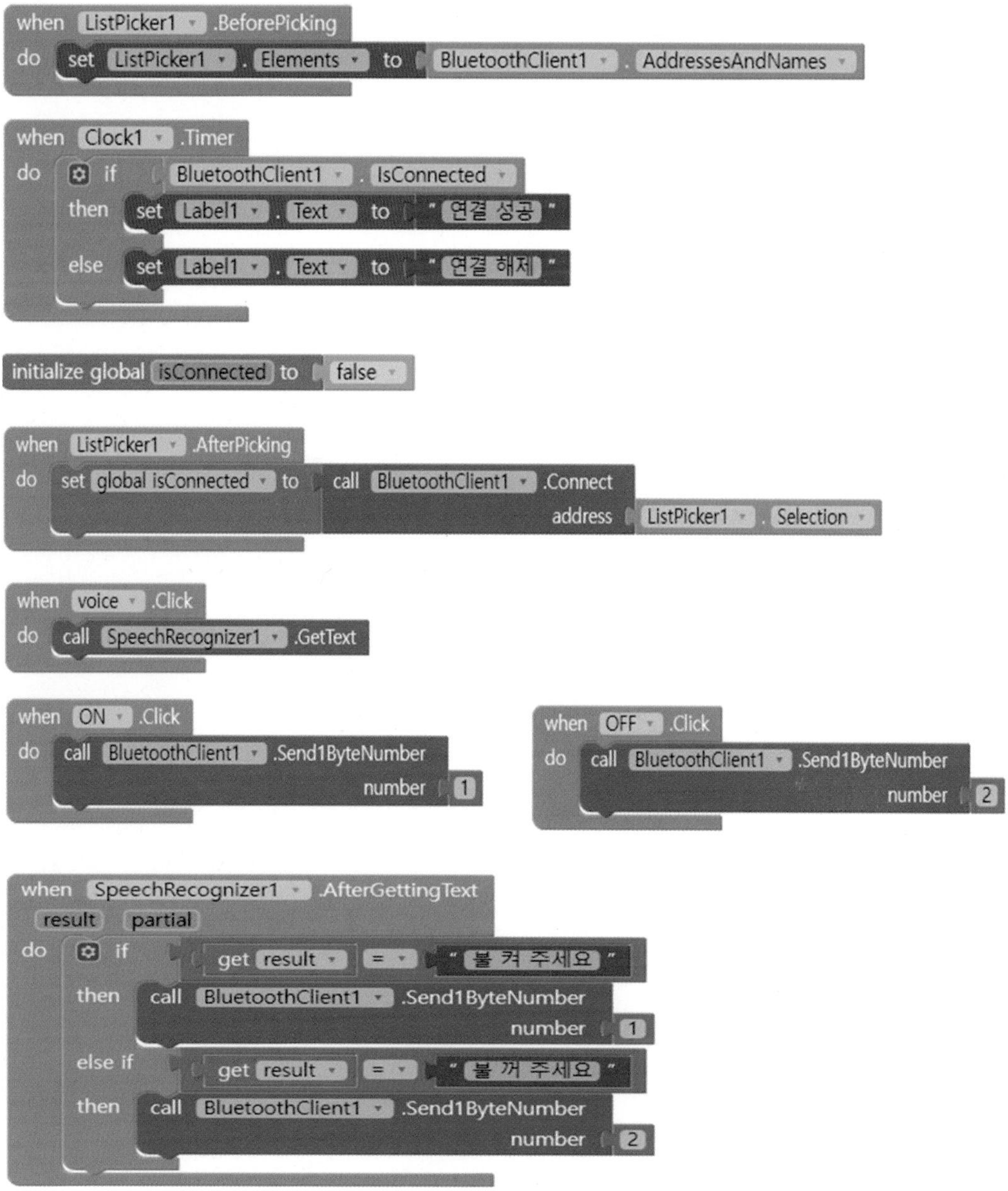

그림 15-3　[실습 1]의 블록 화면

<코드 해석>

- when ListPicker1 .BeforePicking do → ListPicker1이 선택되기 전에 다음과 같이 실행

- set ListPicker1 .elements to → ListPicker1의 구성요소를 다음과 같이 설정

- BlutoothClient1 .AddressesAndNames → BlutoothClient1의 주소와 이름들

- When Clock1 .Timer do → Clock1의 타이머가 실행될 때 다음과 같이 작업

- if A ~ then B ~ else C → 만약 A라면 B하고, 그렇지 않다면 C하기

- BlutoothClient1 .IsConnected → BlutoothClient1이 연결됨

- set Label1 .Text to → Label1의 텍스트를 다음과 같이 설정

- initialize global isConnected to → 연결 상태를 확인하는 isConnected 변수 설정, 전역변수(global) isConnected의 최초 값을 false(0)로 초기화함. isConnected 는 변수 이름으로 사용자가 직접 입력

- when ListPicker1 .AfterPicking do → ListPicker1이 선택된 후에 다음과 같이 실행

- set global isConnected to → 전역 변수 isConnected를 다음과 같이 설정

- call BluetoothClients1.Connected address → BluetoothClients1이 연결된 주소 불러오기

- ListPicker1 .Selection → ListPicker1에서 선택된 것

- when voice .Click do → voice가 클릭되었을 때 다음과 같이 실행

- call SpeechRecognizer1 .GetText → SpeechRecognizer1의 텍스트 가져오기 기능 실행

- when ON.Click do → ON이 클릭되었을 때 다음과 같이 실행

- call BlutoothClient1 .Send1ByteNumber number 1 → BlutoothClient1에 다음의 숫자(1) 1바이트를 전송

- when SpeechRecognizer1 .AfterGettingText do → SpeechRecognizer1이 텍스트를 가져왔다면 다음과 같이 실행

- if A ~ then B ~ else if C ~ then D → 만약 A라면 B하고, C라면 D하기

- get result="불 켜 주세요" → result가 "불 켜 주세요"와 같음

15-2 블루투스 통신 조도 확인 앱 만들기

실습 2 블루투스 통신 조도 확인 앱 만들기

[실습 2]에서 만드는 앱은 아두이노에 연결된 블루투스 센서와 스마트폰을 연결하고, 만들어진 앱에서 아두이노에 연결된 조도 센서를 통해 확인되는 조도 값을 확인할 수 있는 앱이다. 또한, 조도 값은 시리얼 모니터에서도 함께 확인된다.

블루투스 센서의 RXD와 TXD는 각각 아두이노의 디지털 2번 핀과 3번 핀에 연결하고, GND와 VCC는 브레드보드 버스띠의 (−)와 (+)에 연결한다. 조도 센서의 OUT 핀은 아두이노의 A0에 연결하고, VCC와 GND는 각각 브레드보드 버스띠의 (+)와 (−)에 연결한다. 버스띠의 (−)와 (+)는 각각 아두이노의 GND와 5V에 연결한다.

그림 15-4는 [실습 2]의 회로도와 코드를 나타낸다.

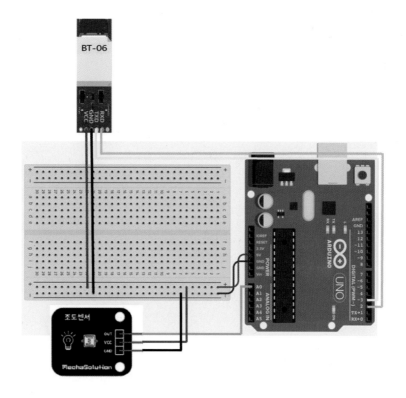

```
#include <SoftwareSerial.h>
SoftwareSerial BTSerial(3,2);

int potpin=A0;
int value=0;

void setup()
{
  Serial.begin(9600);
  BTSerial.begin(9600);
}

void loop()
{
  int value=analogRead(potpin);
  Serial.print("조도 : ");
  Serial.println(value);
  BTSerial.print("조도 : ");
  BTSerial.println(value);
  delay(100);
}
```

그림 15-4 [실습 2]의 회로도와 코드

회로 및 코드 작업 후 업로드까지 완료한 뒤, 앱 인벤터 사이트에서 앱을 만든다.

Designer 화면

① "illuminControl" 이름으로 새로운 프로젝트를 생성한다.

② 인터넷에서 자신이 앱 아이콘으로 사용하고 싶은 이미지를 다운 받아서 바탕화면에 "img.png"와 같이 저장한다(이 실습에서는 해(sun) 이미지를 사용).

③ User Interface에서 Label1을 추가한 후 Properties에서 Text를 "연결 안됨"으로 설정한다.

④ User Interface에서 ListPicker를 추가한 후 Properties에서 Text를 "블루투스 연결"로 설정한다.

⑤ User Interface에서 Label1을 추가한 후 Properties에서 FontSize를 30으로 설정하고, Text를 지운다.

⑥ Sensors에서 Clock을 추가한다.

⑦ Connectivity에서 BluetoothClient를 추가한다.

⑧ Components에서 Screen1을 선택한 후 Properties에서 Icon을 저장해둔 img.png로 업로드하여 설정한다(앱 아이콘을 변경하기 위함).

그림 15-5　[실습 2]의 디자이너 화면

Blocks 화면

① ListPicker1을 클릭하고 해당 블록을 가져온다.

② BluetoothClient1을 클릭하고 해당 블록을 가져온다.

③ Clock1을 클릭하고 해당 블록을 가져온다.

④ Built-in의 Control에서 if ~ then ~ else 블록과 if ~ then ~ 블록을 가져온다.

⑤ BluetoothClient1에서 해당 블록을 가져온다.

⑥ Label1에서 해당 블록을 가져온다.

⑦ Built-in의 Text에서 텍스트 입력 블록을 가져온다.

⑧ Built-in의 Math에서 비교 블록을 가져온다.

⑨ Label2에서 해당 블록을 가져온 뒤, 그림 15-6과 같이 조립한다.

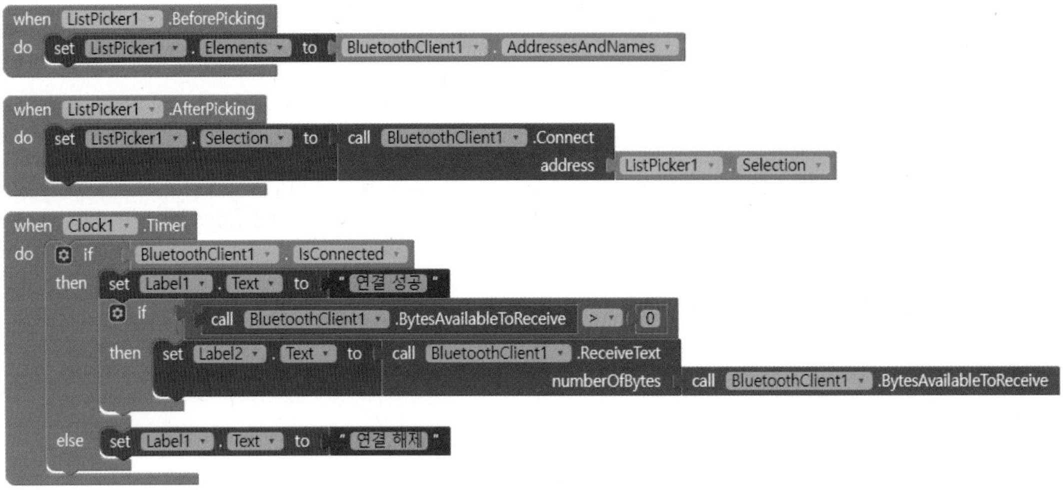

그림 15-6 [실습 2]의 블록 화면

<코드 해석>

- when ListPicker1 .BeforePicking ∼ → ListPicker1이 선택되기 전에는 ListPicker1의 목록을 BluetoothClient1의 주소와 이름으로 설정
- when ListPicker1 .AfterPicking ∼ → ListPicker1이 선택된 후에는 BluetoothClient1의 주소를 ListPicker1에서 선택된 값으로 설정
- when Clock1 .Timer ∼ → 타이머가 실행될 때, 만약 BluetoothClient1이 연결되었다면 Label1의 텍스트를 "연결 성공"으로 설정하고, BlutoothClient1에서 받은 데이터가 0보다 크다면(블루투스 센서로부터 데이터가 전달되었다면) BluetoothClient1에서 받을 수 있는 만큼의 데이터를 받아서 받아온 데이터의 텍스트를 Label2에 설정. 그렇지 않은 경우라면(블루투스가 연결되지 않았다면) Label1의 텍스트를 "연결 해제"로 설정

16

AI 프로그래밍 실습 2

16-1 외부인 침입 탐지 앱

실습 1 외부인의 접근이 감지되면 버저음 출력 및 스마트폰 앱으로 알림을 주는 침입 탐지 앱

[실습 1]에서 만드는 앱은 블루투스를 활용하여 아두이노와 연결된 적외선 센서의 데이터를 실시간으로 가져오고, 물체가 감지된 경우 버저음이 출력되며, 앱에서 **물체 감지!** 알림 문구가 출력되는 앱이다. 또한, 해당 문구가 시리얼 모니터에서도 확인된다.

블루투스 센서의 RXD와 TXD는 각각 아두이노의 디지털 2번 핀과 3번 핀에 연결하고, GND와 VCC는 브레드보드 버스띠의 (−)와 (+)에 연결한다. 수동 버저 모듈의 IN 핀은 아두이노의 디지털 9번 핀에 연결하고, VCC와 GND는 각각 브레드보드 버스띠의 (+)와 (−)에 연결한다. 적외선 센서 모듈의 OUT 핀은 아두이노의 디지털 4번 핀에 연결하고, GND와 VCC는 각각 브레드보드 버스띠의 (−)와 (+)에 연결한다. 브레드보드의 (−)와 (+)는 각각 아두이노의 GND와 5V에 연결한다.

그림 16-1은 [실습 1]의 회로도와 코드를 나타낸다.

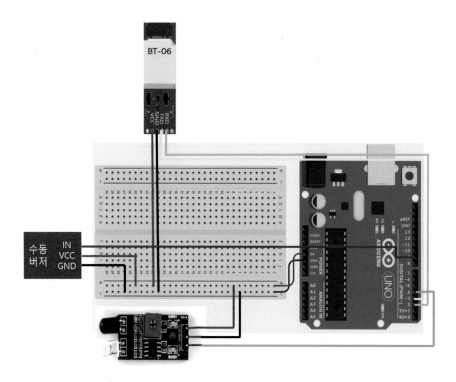

```
#include <SoftwareSerial.h>
SoftwareSerial BTSerial(3,2);

int inPin=4; //적외선 센서
int bPin=9;  //부저
int val=0;

void setup()
{
  Serial.begin(9600);
  BTSerial.begin(9600);
  pinMode(inPin, INPUT);
  pinMode(bPin, OUTPUT);
}

void loop()
{
  if(BTSerial.available())
  {
    int val=digitalRead(inPin);
    if(val==0)
    {
      Serial.println("물체 감지!!!");
      BTSerial.println("물체 감지!!!");
      tone(bPin, 261);
      delay(500);
      tone(bPin, 293);
      delay(500);
      tone(bPin, 329);
      delay(500);
    }
    else if(val==1)
    {
      Serial.println("이상 없음.");
      BTSerial.println("이상 없음.");
      noTone(bPin);
      delay(1000);
    }
  }
}
```

그림 16-1 [실습 1]의 회로도와 코드

Designer 화면

① inApp 이름으로 새로운 프로젝트를 생성한다.

② 온라인상에서 경보 이미지를 자유롭게 다운로드한 뒤, img2.png 이름으로 저장한다.

③ User Interface에서 Label1을 추가한 후 Properties에서 Text를 "연결 안됨"으로 설정한다.

④ User Interface에서 ListPicker를 추가한 후 Properties에서 Text를 "블루투스 연결"로 설정한다.

⑤ User Interface에서 Label1을 추가한 후 Properties에서 FontSize를 35로 설정하고, Text를 지운다.

⑥ Sensors에서 Clock을 추가한다.

⑦ Connectivity에서 BluetoothClient를 추가한다.

⑧ Components에서 Screen1을 선택한 후 Properties에서 Icon을 저장해둔 img2. png로 업로드하여 설정한다.

그림 16-2는 [실습 1]의 디자이너 화면을 나타낸다.

그림 16-2   [실습 1]의 디자이너 화면

Blocks 화면

① ListPicker1에서 해당 블록을 가져온다.

② BluetoothClient1에서 해당 블록을 가져온 뒤, 그림 16-3과 같이 조립한다.

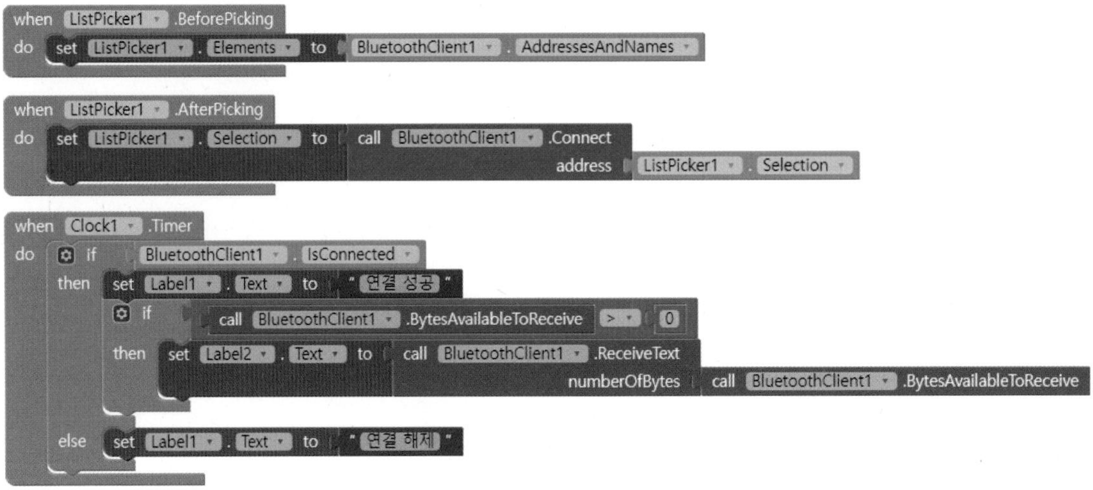

```
when ListPicker1 .BeforePicking
do  set ListPicker1 . Elements  to  BluetoothClient1 . AddressesAndNames

when ListPicker1 .AfterPicking
do  set ListPicker1 . Selection  to  call BluetoothClient1 .Connect
                                          address  ListPicker1 . Selection

when Clock1 .Timer
do  if    BluetoothClient1 . IsConnected
    then  set Label1 . Text  to  " 연결 성공 "
          if    call BluetoothClient1 .BytesAvailableToReceive  >  0
          then  set Label2 . Text  to  call BluetoothClient1 .ReceiveText
                                           numberOfBytes  call BluetoothClient1 .BytesAvailableToReceive
    else  set Label1 . Text  to  " 연결 해제 "
```

그림 16-3 [실습 1]의 블록 화면

<코드 해석>

■ when ListPicker1 .BeforePicking ∼ → ListPicker1이 선택되기 전에는 ListPicker1의 목록을 BluetoothClient1의 주소와 이름으로 설정

■ when ListPicker1 .AfterPicking ∼ → ListPicker1이 선택된 후에는 BluetoothClient1의 주소를 ListPicker1에서 선택된 값으로 설정

■ when Clock1 .Timer ∼ → 타이머가 실행될 때, 만약 BluetoothClient1이 연결되었다면 Label1의 텍스트를 "연결 성공"으로 설정. BluetoothClient1로 값이 입력되었다면 Label2의 텍스트를 BluetoothClient1에서 받아온 데이터의 텍스트로 설정. 그렇지 않다면(블루투스에 연결되지 않았다면) Label1의 텍스트를 "연결 해제"로 설정

16-2 스마트 팜(Smart Farm) 자동문 앱

실습 2 조도 센서 값을 스마트폰 앱에서 확인하고, 블루투스 센서와 연결된 경우 버튼으로 서보 모터의 각도를 조절할 수 있는 앱

앱을 통해 밝기(조도 값)를 모니터링하고, 주변 환경이 밝은 경우 **문 열기** 버튼으로 서보 모터 각도를 조절해 문을 열어주고, 주변이 어두운 경우 **문 닫기** 버튼으로 서보 모터 각도를 조절해 문을 닫아주는 시스템으로, 앱을 통해 서보 모터의 각도를 조절할 수 있다. 또한, 조도 값이 150보다 작은 경우 스마트폰 화면과 시리얼 모니터 화면에 조도 값과 **조도 낮음!!!** 문구를 함께 출력해 준다.

블루투스 센서의 RXD와 TXD는 각각 아두이노의 디지털 2번 핀과 3번 핀에 연결하고, GND와 VDD는 각각 브레드보드의 (−)와 (+)에 연결한다. 서보 모터의 갈색 케이블과 빨간색 케이블은 각각 브레드보드의 (−)와 (+)에 연결하고, 주황색 케이블은 아두이노의 디지털 11번 핀에 연결한다. 조도 센서 모듈의 OUT 핀은 아두이노의 아날로그 A1 핀에 연결하고, VCC와 GND 핀은 각각 브레드보드의 버스띠 (+)와 (−)에 연결한다. 브레드보드의 버스띠 (+)와 (−)는 각각 아두이노의 5V와 GND에 연결한다.

그림 16-4는 [실습 2]의 회로도 및 코드를 나타낸다.

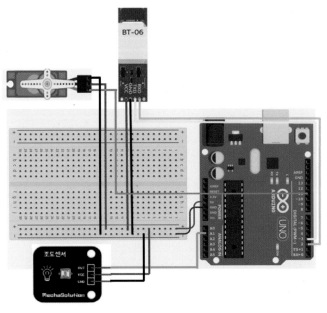

```
#include <SoftwareSerial.h>
#include <Servo.h>
SoftwareSerial BTSerial(3,2);
Servo SV;

int illu=A1; //조도센서
int angle=90; //서보모터 각도

void setup()
{
  Serial.begin(9600);
  BTSerial.begin(9600);
  pinMode(illu, INPUT);
  SV.attach(11);
}

void loop()
{
  int value=analogRead(illu);
  Serial.println(value);
  BTSerial.println(value);
  delay(1000);
  if(value < 150)
  {
    Serial.println("조도 낮음!!");
    BTSerial.println("조도 낮음!!!");
    delay(1000);
  }
  if(BTSerial.available())
  {
    int data=(int)BTSerial.read();
    if(data==1)
    {
      SV.write(angle+60);
      delay(1000);
    }
    else if(data==2)
    {
      SV.write(angle);
      delay(1000);
    }
  }
}
```

그림 16-4 [실습 2]의 회로도 및 코드

<코드 해석>

- #include 〈SoftwareSerial.h〉 → SoftwareSerial 라이브러리 추가

- #include 〈Servo.h〉 → Servo 라이브러리 추가

- SoftwareSerial BTSerial(3,2); → 소프트웨어 시리얼의 변수를 BTSerial로 지정하고, 3번과 2번 핀을 각각 통신 송신부와 수신부로 지정

- Servo SV; → Servo 이름을 SV로 설정

- int illu=A1; → 정수형 데이터 타입의 변수 illu를 A1로 설정

- int angle=90; → 정수형 데이터 타입의 변수 angle을 90으로 설정(최초 서보 모터 각도 설정)

- Serial.begin(9600); → 시리얼 통신을 9600pbs로 시작

- BTSerial.begin(9600); → 블루투스 시리얼 통신을 9600pbs로 시작

- pinMode(illu, INPUT); → illu 핀을 입력 모드로 사용

- SV.attach(11); → 서보 모터를 아두이노의 11번 핀에 연결

- int value=analogRead(illu); → 정수형 변수 value에 아날로그로 읽어온 illu 값을 넣음

- Serial.println(value); → 시리얼 모니터에 value 값을 출력하고 개행

- BTSerial.println(value); → 블루투스 통신으로 블루투스가 연결된 스마트폰 화면에 vlaue값을 출력하고 개행

- delay(1000); → 1초간 코드 실행 중지

- if(value<150) → 만약 value 값이 150보다 작다면

- Serial.println("조도 낮음!!"); → 시리얼 모니터에 "조도 낮음!!" 출력 후 개행

- BTSerial.println("조도 낮음!!"); → 블루투스가 연결된 스마트폰 화면에 "조도 낮음!!" 출력 후 개행

- delay(1000); → 1초간 코드 실행 중지

- if(BTSerial.available( )) → 블루투스 센서에 값이 입력되었다면

- int data=(int)BTSerial.read( ); → 블루투스 통신으로 읽어온 값을 정수 형태로 정수형 변수 data에 저장

- if(data==1) → 만약 data의 값이 1과 같다면
- SV.write(angle+60); → 서보 모터의 각도를 angle(90)에서 60 더한 값으로 설정
- delay(1000); → 1초간 코드 실행 중지
- else if(data==2) → 만약 data의 값이 2와 같다면
- SV.write(angle); → 서버 모터의 각도를 angle(90)로 설정
- delay(1000); → 1초간 코드 실행 중지

`Designer 화면`

① SmartFarm 이름으로 새로운 프로젝트를 생성한다.

② User Interface에서 Label1을 추가한 후 Properties에서 Text를 "연결 안됨"으로 설정한다.

③ User Interface에서 ListPicker를 추가한 후 Properties에서 Text를 "블루투스 연결"로 설정한다.

④ User Interface에서 Label2를 추가한 후 Properties에서 Text를 지우고 BackgroundColor를 Orange로, FontSize를 25로, Height를 50pixels로, Width를 Fill parent로 설정한다.

⑤ Layout에서 HorizontalArrangement1을 추가한 후 AlignHorizontal을 Center:3으로, Height를 100pixels로, Width를 Fill parent로 설정한다.

⑥ User Interface에서 Button1과 Button2를 추가한 후 HorizontalArrangement1 안에 배치한다.

⑦ Button1과 Button2의 Components에서 각각의 이름을 Open, Close로 Rename한다.

⑧ Button1의 Properties에서 FontBold 체크, FontSize는 20, Height는 100pixels, Text는 "문 열기", TextColor는 Blue로 설정한다.

⑨ Button2의 Properties에서 FontBold 체크, FontSize는 20, Height는 100pixels, Text는 "문 닫기", TextColor는 Red로 설정한다.

⑩ Sensors에서 Clock1을 추가한다.

⑪ Connectivity에서 BluetoothClient1을 추가한다.

⑫ Components에서 Screen1을 선택한 후 Properties에서 AlignHorizontal을 Center:3으로 설정한다.

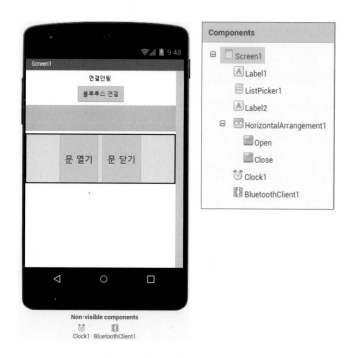

그림 16-5   [실습 2]의 디자이너 화면

```
when ListPicker1 . BeforePicking
do  set ListPicker1 . Elements . to  BluetoothClient1 . AddressesAndNames

when ListPicker1 . AfterPicking
do  set ListPicker1 . Selection . to  call BluetoothClient1 .Connect
                                      address  ListPicker1 . Selection

when Clock1 .Timer
do  if  BluetoothClient1 . IsConnected
    then set Label1 . Text . to  " 연결성공 "
         if  call BluetoothClient1 .BytesAvailableToReceive > 0
         then set Label2 . Text . to  join  " 조도 값 : "
                                            call BluetoothClient1 .ReceiveText
                                            numberOfBytes  call BluetoothClient1 .BytesAvailableToReceive
    else set Label1 . Text . to  " 연결해제 "

when Open .Click                          when Close .Click
do  call BluetoothClient1 .Send1ByteNumber   do  call BluetoothClient1 .Send1ByteNumber
                           number  1                                 number  2
```

그림 16-6   [실습 2]의 블록 화면

<코드 해석>

- when ListPicker1 .BeforePicking ∼ → ListPicker1이 선택되기 전에는 ListPicker1의 목록을 BluetoothClient1의 주소와 이름으로 설정

- when ListPicker1 .AfterPicking ∼ → ListPicker1이 선택된 후에는 BluetoothClient1의 주소를 ListPicker1에서 선택된 값으로 설정

- when Clock1 .Timer ∼ → 타이머가 실행될 때, 만약 BluetoothClient1이 연결되었다면 Label1의 텍스트를 "연결성공"으로 설정. 만약 BluetoothClient1로부터 값이 입력되었다면 Label2의 텍스트를 "조도 값 : "과 BluetoothClient1로부터 읽어온 값으로 설정. 그렇지 않다면(BluetoothClient1이 연결되지 않았다면) Label1의 텍스트를 "연결해제"로 설정

- when Open .Click ∼ → Open 버튼을 클릭했을 때, BluetoothClient1(블루투스 센서)에 숫자 1을 보냄

- when Cloze .Click ∼ → Close 버튼을 클릭했을 때, BluetoothClient1(블루투스 센서)에 숫자 2를 보냄

17 AI 프로그래밍 실습 3

17-1 인공지능 이미지 분류 앱

실습 1 카메라에 촬영된 이미지를 인공지능 기술을 활용하여 어떠한 이미지인지 분류하는 앱 만들기

Designer 화면

① Classification 이름으로 새로운 프로젝트를 생성한다.

② 상단의 Help-Extensipns-LookExtension.aix 다운 및 Extension을 추가(그림 17-1 참고) 후 디자이너에 Look을 추가한다.

③ Look1의 Properties에서 VebViewer를 WebViewer1로 설정한다.

④ User Interface에서 Label1을 추가한 후 "분류 결과"로 Rename하고, Properties에서 FintSize는 20, Text는 "대기중"으로 설정한다.

⑤ User Interface에서 WebViewer를 추가한다.

⑥ Layout에서 HorizontalArrangement1을 추가한 후 Properties에서 AlignHorizontal을 Center:3으로, Width를 Fill parent로 설정한다.

⑦ User Interface에서 Button 2개를 추가한 후 HorizontalArrangement1 안에 배치한다.

⑧ Button1을 "이미지분류"로 Rename하고, Properties에서 Text를 "이미지분류"로 설정한다.

⑨ Button2를 "화면전환"으로 Rename하고, Properties에서 Text를 "화면전환"으로 설정한다.

⑩ Media에서 TextToSpeech를 추가한다.

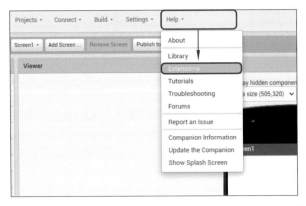

그림 17-1   LookExtension 다운 및 추가 방법

LookExtension은 인공 신경망을 사용하여 객체 인식이 가능한 기능이다.

그림 17-2   [실습 1]의 디자이너 화면

그림 17-3 [실습 1]의 블록 화면

<코드 해석>

- when 화면전환 .Click ～ → "화면전환"이 클릭되었을 때, Look1의 카메라 얼굴 모드 호출

- when Look1 .ClassifierReady ～ → Look 분류기가 준비되었을 때, "이미지분류" 버튼을 활성화하고, "분류결과"로 표시된 Label1의 텍스트를 "준비"로 설정

- when 이미지분류. Click ～ → "이미지분류"가 클릭되었을 때, Look1의 비디오 데이터 분류 기능 호출

- when Look1 .GotClassification ～ → Look1이 이미지분류 결과를 얻으면 "분류결과"의 텍스트를 분류된 결과의 첫 번째 텍스트로 적고, 한국어로 분류 결과를 읽어줌

17-2 음성인식 챗봇 앱

실습 2 음성인식 기능이 있는 대화형 챗봇 앱 만들기

[실습 2]에서 만드는 앱은 사용자가 미리 입력한 질문과 답변이 TinyDB에 저장되어 음성인식 버튼을 누른 뒤, 질문하면 저장된 답변을 말해주는 대화형 챗봇 앱이다.

① Chatbot 이름으로 새로운 프로젝트를 생성한다.

② User Interface에서 Label 하나를 추가한 후 Properties에서 BackgroundColor는 Green, FontBold 체크, FontSize는 25, Width는 Fill parent, Text는 Chat Bot, TextAlignmanet는 Center：1로 설정한다.

③ Layout에서 HorizontalArrangement1을 추가한 후 Properties에서 AlignHorizontal과 AlignVertical을 모두 Center로 설정하고, Height는 50pixels, Width는 Fill parent로 설정한다.

④ User Interface에서 Label1, Textbox1을 추가한 후 HorizontalArrangement1 안에 배치한다.

⑤ Label1을 "질문"으로 Rename하고, Properties에서 FontSize는 20, Text는 "질문"으로 설정한다.

⑥ Textbox1의 Properties에서 Height와 Width를 Fill parent로 설정한다.

⑦ Layout에서 HorizontalArrangement2를 추가한 후 Properties에서 AlignHorizontal과 AlignVertical을 모두 Center로 설정하고, Height는 50pixels, Width는 Fill parent로 설정한다.

⑧ User Interface에서 Label1, Textbox1을 추가한 후 HorizontalArrangement2 안에 배치한다.

⑨ Label1을 "답변"으로 Rename하고, Properties에서 FontSize는 20, Text를 "답변"으로 설정한다.

⑩ Textbox1의 Properties에서 Height와 Width를 Fill parent로 설정한다.

⑪ Layout에서 HorizontalArrangement3을 추가한 후 Properties에서 AlignHorizontal과 AlignVertical을 모두 Center로 설정하고, Width는 Fill parent로 설정한다.

⑫ User Interface에서 Label1과 Button1을 추가한 후 HorizontalArrangement3 안에 배치한다.

⑬ Label1의 Properties에서 FontSize는 17, Text는 "학습시킬 질문과 답변을 입력하세요."로 설정한다.

⑭ Button1을 "저장"으로 Rename하고, Properties에서 FontSize는 18, Text를 "저장"으로 설정한다.

⑮ Layout에서 HorizontalArrangement4를 추가한 후 Properties에서 AlignHorizontal 과 AlignVertical을 모두 Center로 설정하고, Width는 Fill parent로 설정한다.

⑯ User Interface Button 1개를 추가한 후 "음성인식"으로 Rename하고, Properties 에서 BackgroundColor는 Pink, FontBold 체크, FontSize는 20, Height와 Width는 모두 100pixels, Shape은 oval, Text는 "음성인식"으로 설정한 뒤, HorizontalArrangement4 안에 배치한다.

⑰ Media에서 SpeechRecognizer, TextToSpeech 한 개씩을 추가한다.

⑱ Storage에서 TinyDB1을 추가한다.

TinyDB는 이름과 같이 작은 DB로서 작은 내용의 데이터를 저장할 수 있는 공간 을 의미한다. 보통 앱 인벤터로 앱을 만들고 앱 화면에서 확인되는 데이터는 앱이 종료되면 지워지게 되지만, TinyDB에 저장된 데이터는 앱이 종료되어도 지워지지 않는다.

그림 17-4   [실습 2]의 디자이너 화면

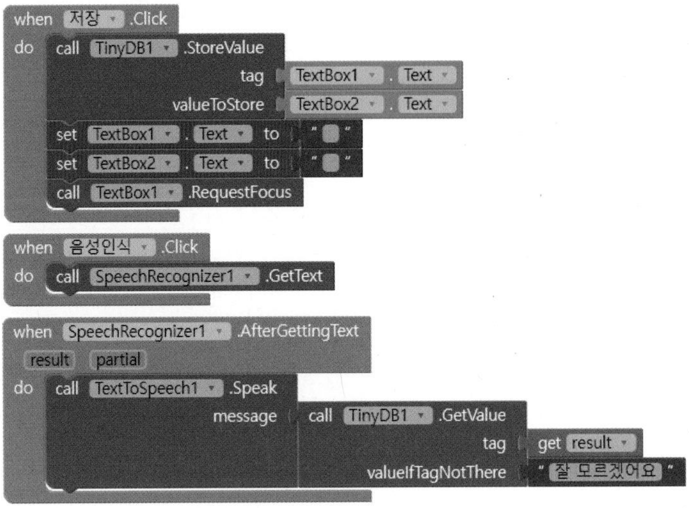

그림 17-5   [실습 2]의 블록 화면

<코드 해석>

■ when 저장 .Click ~ → "저장" 버튼을 클릭하면 TinyDB 기능이 호출되어 tag에는 TextBox1에 입력된 텍스트가, value에는 TextBox2에 입력된 텍스트가 저장됨. 또한, 입력되어 있던 TextBox1과 TextBox2의 텍스트가 지워지고, 포커스가 TextBox1로 옮겨짐

■ when 음성인식 .Click ~ → "음성인식" 버튼이 클릭되면 음성인식 기능이 호출되어 텍스트를 받음

■ when SpeechRecognizer1 .AfterGettingText ~ → 음성인식 기능에서 텍스트를 가져오면 텍스트 읽어주기 기능을 통해 TinyDB의 tag value를 읽어주고, 입력된 tag 내용이 없으면 "잘 모르겠어요."를 읽어줌

음성인식 챗봇 앱 실행 방법은 다음과 같다.

① 학습시키고 싶은 질문과 이에 대한 답변을 각각 입력하고, **저장** 버튼을 클릭한다.

② 학습이 완료되면 **음성인식** 버튼을 클릭해서 챗봇에게 음성으로 질문한다.

AI 프로그래밍 실습 4

18-1 날씨 확인 앱

실습 1 기상청 RSS 정보를 활용한 날씨 확인 앱 만들기

• RSS 서비스 이용하기

RSS(Really Simple Syndication, Rich Site Summary)란 블로그처럼 컨텐츠 업데이트가 자주 일어나는 웹사이트에서, 업데이트된 정보를 쉽게 구독자들에게 제공하기 위해 XML을 기초로 만들어진 데이터 형식입니다. RSS서비스를 이용하면 업데이트된 정보를 찾기 위해 홈페이지에 일일이 방문하지 않아도 업데이트 될 때마다 빠르고 편리하게 확인할 수 있습니다.

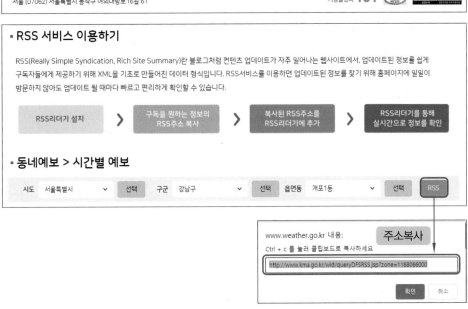

그림 18-1 　지역별 기상청 RSS URL 확인 방법

[실습 1]을 진행하기 위해서는 기상청 RSS 서비스를 이용해야 한다. RSS(Really Simple Syndication, Rich Site Summary)란 데이터의 업데이트가 자주 일어나는 웹 사이트에서 업데이트된 정보를 사용자들에게 제공하기 위해 XML을 기초로 만들어진 데이터 형식이다.

우선 우리가 확인하고자 하는 지역에 대한 RSS URL을 확인해야 한다. 기상청 홈페이지 화면 하단의 **RSS**를 클릭한다. 동네예보 > 시간별 예보에서 확인하고자 하는 지역을 선택하고, **RSS** 버튼을 누르면 해당 지역의 RSS URL이 확인된다. 이 주소를 복사해둔다.

이 실습에서는 4개의 지역(서울시 강남구 개포1동, 경기도 가평군 가평읍, 경남 거제시 거제면, 제주도 서귀포시 남원읍)에 대한 정보를 대상으로 실습한다.

Designer 화면

① WeatherApp 이름으로 새로운 프로젝트를 생성한다.

② User Interface에서 Label 하나를 추가한 후 Properties에서 BackgroundColor를 Cyan으로, FontBold 체크, FontSize를 25로, Width를 Fill parent로, Text를 "날씨정보"로, TextAlignment를 Center:1로 설정한다.

③ User Interface에서 ListPicker 3개를 추가한 후 ListPicker1을 "지역선택1"로 Rename하고, Properties에서 ElementsFromString을 "서울, 경기도, 경남, 제주"로, Text를 "시도"로 설정한다.

④ ListPicker2를 "지역선택2"로 Rename하고, Properties에서 ElementsFromString을 "강남구, 가평군, 거제시, 서귀포시"로, Text를 "구군"로 설정한다.

⑤ ListPicker3을 "지역선택3"으로 Rename하고, Properties에서 ElementsFromString을 "개포1동, 가평읍, 거제면, 남원읍"으로, Text를 "읍,면,동"으로 설정한다.

⑥ Layout에서 HorizontalArrangement 하나를 추가한 후 Properties에서 AlignHorizontal과 AlignVertical을 모두 Center로 Height는 50pixels, Width는 Fill parent로 설정한 후 ListPicker 3개를 HorizontalArrangement1 안에 배치한다.

⑦ Layout에서 HorizontalArrangement 하나를 추가한 후 Properties에서 AlignHorizontal과 AlignVertical을 모두 Center로 Height는 50pixels, Width는 Fill parent로 설정한다.

⑧ User Interface에서 Label 3개를 추가한 후 HorizontalArrangement2 안에 배치한다.

⑨ Label2, Label3, Label4의 이름을 각각 "지역1", "지역2", "지역3"으로 Rename하고, Properties에서 FontSize는 모두 20으로, Label2의 Text는 "지역1", Label3의 Text는 "지역2"로, Label4의 Text는 "지역3"으로 설정한다.

⑩ User Interface에서 Button 하나를 추가한 후 "확인"으로 Rename하고, Properties에서 BackgroundColor를 Pink로, FontBold 체크, FontSize를 20, Width를 Fill parent, Shape를 rounded로, Text를 "확인"으로 설정한다.

⑪ User Interface에서 Label 한 개를 추가한 후 "날씨정보"로 Rename하고, Properties에서 BackgroundColor를 Yellow로, FontSize를 20으로, Height와 Width를 Fill parent로 설정한 후 Text는 지운다.

⑫ Screen1의 Properties에서 Scrollable에 체크한다.

⑬ Connectivity에서 Web을 추가한다.

그림 18-2 [실습 1]의 디자이너 화면

```
when 지역선택1 .AfterPicking
do  set 지역1 . Text to 지역선택1 . Selection

when 지역선택2 .AfterPicking
do  set 지역2 . Text to 지역선택2 . Selection

when 지역선택3 .AfterPicking
do  set 지역3 . Text to 지역선택3 . Selection

initialize global infor1 to  create empty list

to fun info tag1 tag2
do  set global infor1 to  split text  get info
                                at   get tag1
    set global infor1 to  select list item list  get global infor1
                                           index  2
    set global infor1 to  split text  get global infor1
                                at   get tag2
    set global infor1 to  select list item list  get global infor1
                                           index  1

initialize global infor2 to  create empty list

to fun2 info tag1 tag2
do  set global infor2 to  split text  get info
                                at   get tag1
    set global infor2 to  select list item list  get global infor2
                                           index  2
    set global infor2 to  split text  get global infor2
                                at   get tag2
    set global infor2 to  select list item list  get global infor2
                                           index  1

when 확인 .Click
do  if  지역선택1 . Selection  =  " 서울시 "
    then  set Web1 . Url to " https://www.kma.go.kr/wid/queryDFSRSS.jsp?zone=1...
          call Web1 .Get
    else if  지역선택1 . Selection  =  " 경기도 "
    then  set Web1 . Url to " http://www.kma.go.kr/wid/queryDFSRSS.jsp?zone=41...
          call Web1 .Get
    else if  지역선택1 . Selection  =  " 경남 "
    then  set Web1 . Url to " http://www.kma.go.kr/wid/queryDFSRSS.jsp?zone=48...
          call Web1 .Get
    else if  지역선택1 . Selection  =  " 제주도 "
    then  set Web1 . Url to " http://www.kma.go.kr/wid/queryDFSRSS.jsp?zone=50...
          call Web1 .Get
```

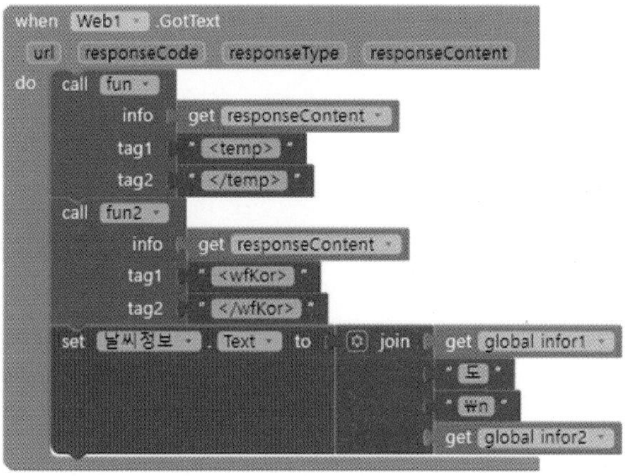

그림 18-3 [실습 1]의 블록 화면

<코드 해석>

- when 지역선택1 .AfterPicking do ～ → 지역선택1이 선택되면 지역1의 텍스트를 지역선택1에서 선택된 값으로 설정

- when 지역선택2 .AfterPicking do ～ → 지역선택2가 선택되면 지역2의 텍스트를 지역선택2에서 선택된 값으로 설정

- when 지역선택3 .AfterPicking do ～ → 지역선택3이 선택되면 지역3의 텍스트를 지역선택3에서 선택된 값으로 설정

- initialize global infor1 to ～ → infor1 이름으로 전역 변수를 설정하고, 빈 리스트를 생성

- to fun info tag1 tag2 ～ → fun 이름으로 함수를 생성, fun 함수는 info, tag1, tag2 세 개의 변수를 갖고, RSS URL에서 가져온 정보에서 구분자(tag1, tag2)를 기준으로 그 안의 정보를 가져옴

- initialize global infor2 to ～ → infor2 이름으로 전역 변수를 설정하고, 빈 리스트를 생성

- to fun2 info tag1 tag2 ～ → fun2 이름으로 함수를 생성, fun2 함수는 info, tag1, tag2 세 개의 변수를 갖고, RSS URL에서 가져온 정보에서 구분자(tag1, tag2)를 기준으로 그 안의 정보를 가져옴

- when 확인 .Click ~ → 각 지역별로 그에 맞는 RSS URL 가져오기

- when web1 .GotText ~ → Web1에서 텍스트를 가져온 뒤, 만들어준 함수를 활용하여 원하는 온도와 날씨 상태에 대한 정보만을 추출하고, 이를 날씨정보 라벨에 출력함

18-2 헬스케어 만보기 앱

실습 2   헬스케어 만보기 앱

[실습 2]에서 만드는 앱은 개인이 설정해둔 하루 목표 걸음 수에 따라 기준치보다 적게 걷는 경우 운동을 독려하는 음성이 나오고, 목표치를 달성하면 미션 성공 화면이 나온다. 날짜에 맞는 실제 걸음 수는 TinyDB에 저장할 수 있고, 저장된 지난 정보를 확인할 수 있는 앱이다.

Designer 화면

① HealthcareApp 이름으로 새로운 프로젝트를 생성한다.

② Layout에서 HorizontalArrangement 1개를 가져오고, Properties에서 AlignHorizontal과 AlignVertical을 모두 Center로 설정한 후 Width를 Fill parent로 설정한다.

③ User Interface에서 Label 하나를 가져오고, Properties에서 FontSize를 15로, Text를 "목표 걸음수 :"로 설정한다.

④ User Interface에서 TextBox 하나, Button 두 개를 가져오고, Button1과 Button2를 각각 "걸음설정", "기록중지"로 Rename한다.

⑤ Button1과 Button2의 Properties에서 FontSize를 15로, Text를 각각 "걸음설정", "기록중지"로, Button1의 TextColor를 Red로 설정한다.

⑥ TextBox1의 Properties에서 Width를 Fill parent로, Hint를 "목표 걸음수를 입력하세요."로 입력한다.

⑦ Label1, TextBox1, Button1, Button2를 모두 HorizontalArrangement1 안에 배치한다.

⑧ Layout에서 HorizontalArrangement를 1개 가져오고, Properties에서 AlignHorizontal

과 AlignVertical을 모두 Center로 설정한 후 Width를 Fill parent로 설정한다.

⑨ User Interface에서 Label 두 개를 가져오고, Label2와 Label3을 각각 "날짜", "선택날짜"로 Rename해주고, Properties에서 FontSize는 모두 20, Label2의 FontBold 체크, Label3의 Width는 200pixels로 설정, Label2와 Label3의 Text를 각각 "날짜 : "와 "선택날짜"로 설정한다.

⑩ User Interface에서 DatePicker를 가져오고, Properties에서 Text를 "날짜선택"으로 변경한다.

⑪ HorizontalArrangement2 안에 Label2, DatePicker1, Label3의 순서로 배치한다.

⑫ Layout에서 HorizontalArrangement 1개를 가져오고, Properties에서 AlignHorizontal은 Left, AlignVertical은 Center로, Width를 Fill parent로 설정한다.

⑬ User Interface에서 Label 두 개를 가져와서 Label2와 Label3을 각각 "실제걸음수"와 "수치"로 Rename하고, Label2의 Properties에서 FontBold 체크, FontSize는 20, Text는 "실제 걸음수 : "로 설정하고, Label3의 Properties에서 FontSize를 20으로 한 후 Text는 지운다.

⑭ HorizontalArrangement3 안에 Label2와 Label3을 배치한다.

⑮ User Interface에서 Button 한 개를 가져와서 "입력"으로 Rename하고, Properties에서 BackgroundColor는 Blue, FontBold 체크, FontSize는 20, Width는 Fill parent, Text는 "입력", TextColor는 White로 설정한다.

⑯ User Interface에서 TextBox 한 개를 가져오고 Properties에서 FontSize는 20, Width는 Fill parent, Hint는 "YYYYMDD 형태로 입력(예 2022720)"로 설정한다.

⑰ User Interface에서 Button 한 개를 가져와서 "지난기록"으로 Rename하고, Properties에서 BackgroundColor는 Dark Gray, FontBold 체크, FontSize는 20, Width는 Fill parent, Text는 "지난기록", TextColor는 White로 설정한다.

⑱ User Interface에서 Label 하나를 가져와서 "기록DB"로 Rename하고, Properties에서 BackgroundColor를 Orange로 선택하고, FontSize는 25, Height는 150pixels, Width는 Fill parent로 한 후 Text는 지운다.

⑲ Media에서 TextToSpeech, Sensor에서 Pedometer, Storage에서 TinyDB, User Interface에서 Image를 추가한다.

⑳ Screen1의 Properties에서 AlignHorizontal을 Center:3으로 설정한다.

㉑ 스마일 이미지와 슬픈 표정 이미지를 각각 온라인상에서 다운 받아서 Media에 파일 업로드한다.

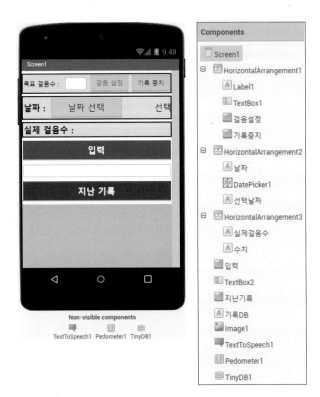

그림 18-4 [실습 2]의 디자이너 화면

그림 18-5 [실습 2]에서 사용된 이미지 파일

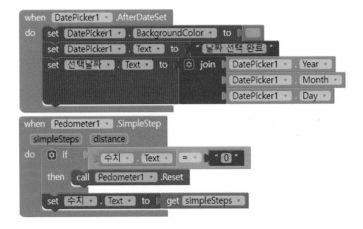

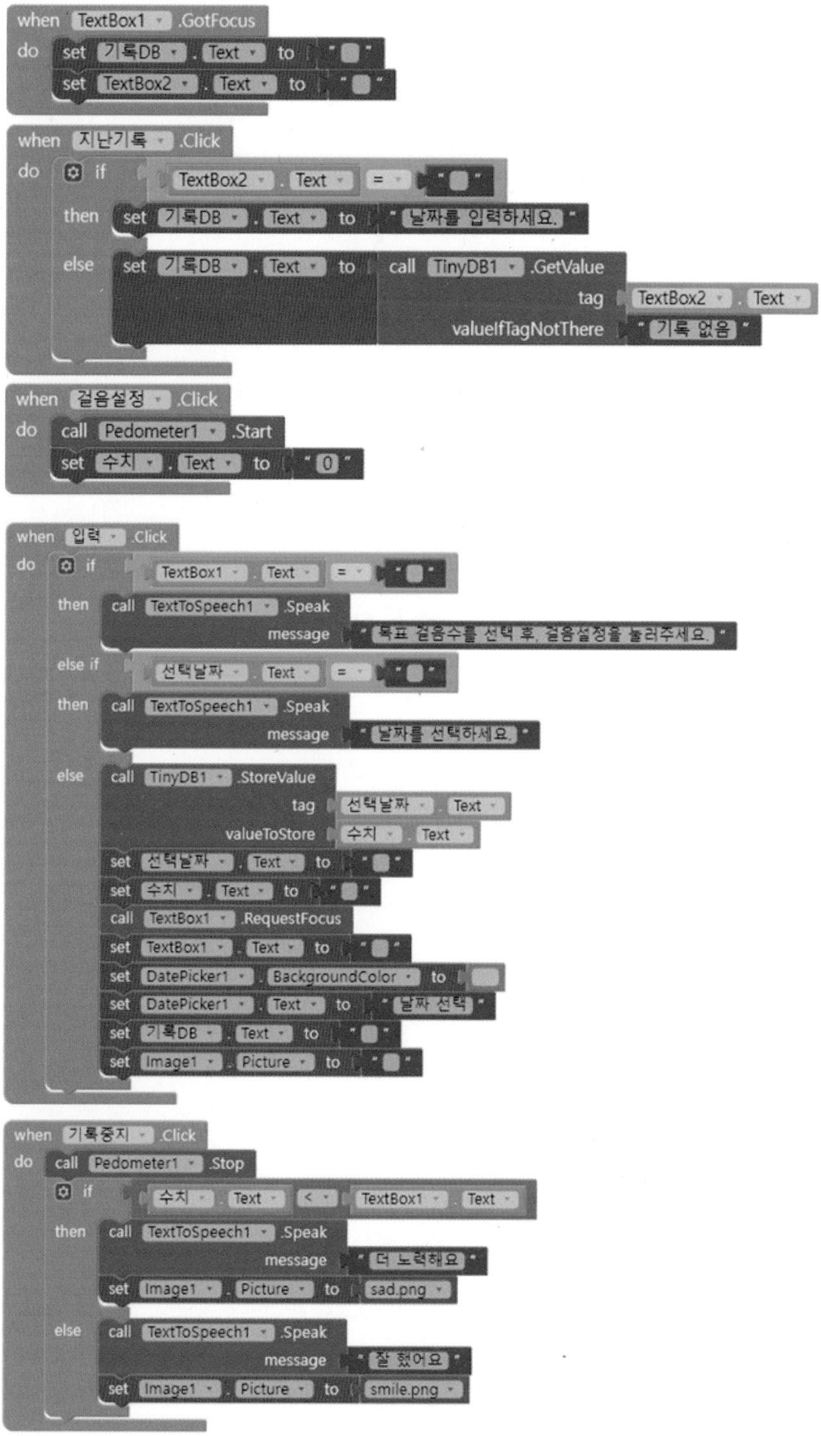

그림 18-6 [실습 2]의 블록 화면

<코드 해석>

- when DatePicker1 .AfterDateSet ∼ → DatePicker1에서 날짜가 선택되면 DatePicker1의 배경색을 주황색으로 바꾸고, Text를 "날짜 선택 완료"로 변경하며, "선택날짜"의 Text를 DatePicker1에서 선택된 연, 월, 일로 설정

- when Pedometer1 .SimpleStep ∼ → Pedometer1(만보기)에서 걸음이 감지되었을 때, 만약 "수치"가 0이라면 만보기를 초기화하고, "수치"에 측정된 걸음 수를 입력

- when TextBox1 .Gotfocus ∼ → TextBox1이 선택되면, "기록DB"와 TextBox2의 내용을 모두 지움

- when 지난기록 .Click ∼ → 지난 기록을 클릭했을 때, 만약 Textbox2의 내용이 없다면 "기록DB"에 "날짜를 입력하세요."라고 입력하고, 아니라면 TinyDB에서 TextBox2의 Tag의 Value(값)를 가져와서 "기록DB"에 출력(만약 입력된 Tag값이 없다면 "기록DB"에 "기록 없음" 출력)

- when 걸음설정 .Click ∼ → "걸음설정"을 클릭했을 때, 만보기 기능 사용 시작 및 "수치" 텍스트를 0으로 설정

- when 입력 .Click ∼ → "입력"을 클릭했을 때, 만약 TextBox1의 텍스트가 입력되지 않았다면, "목표 걸음수를 선택 후, 걸음설정을 눌러주세요."라는 음성이 출력되고, 만약 "선택날짜"의 텍스트가 입력되지 않았다면, "날짜를 선택하세요."라는 음성이 출력됨. 위의 두 가지 경우가 아니라면 TinyDB에 날짜와 걸음 수가 입력되고, "선택날짜", "수치", TextBox1, "기록DB", Image1의 텍스트와 이미지를 모두 지우고, TextBox1로 커서를 옮김. DataPicker1의 배경색은 밝은 회색으로, 텍스트는 "날짜 선택"으로 설정

- when 기록중지 .Click ∼ → "기록중지"를 클릭했을 때, 만보기 기능을 멈춤. 만약 "수치" 텍스트가 TextBox1의 텍스트보다 작은 경우 "더 노력해요" 라는 음성과 함께 슬픈 이미지가 출력되고, "수치" 텍스트가 TextBox1의 텍스트보다 큰 경우 "잘 했어요" 라는 음성과 함께 웃는 이미지가 출력됨

헬스케어 만보기 앱 실행 방법은 다음과 같다.

① 텍스트 입력창에 목표 걸음 수를 입력한 후 **걸음설정** 버튼을 누른다.

② **날짜 선택** 버튼을 클릭하여 현재 날짜 또는 기록을 원하는 날짜를 선택한다.

③ 운동을 시작하고, 앱은 걸음 수를 측정한다.

④ 운동이 마무리되면 상단의 **기록중지** 버튼을 누른다.

⑤ 자신의 기록이 목표 설정보다 높은 경우 **잘 했어요** 멘트가, 그렇지 않은 경우
   더 노력해요 멘트가 출력된다.

⑥ **입력** 버튼을 누르면 자신의 기록이 TinyDB에 저장된다.

⑦ 지난 기록을 보기 위해서는 YYYYMDD 형식으로 날짜를 입력하고, **지난기록**
   버튼을 클릭한다.

AI 프로그래밍
기초와 실습

2023년 1월 10일 인쇄
2023년 1월 15일 발행

저자 : 장은진
펴낸이 : 이정일

펴낸곳 : 도서출판 **일진사**
www.iljinsa.com

(우)04317 서울시 용산구 효창원로 64길 6
대표전화 : 704-1616, 팩스 : 715-3536
등록번호 : 제1979-000009호(1979.4.2)

값 19,000원

ISBN : 978-89-429-1750-1